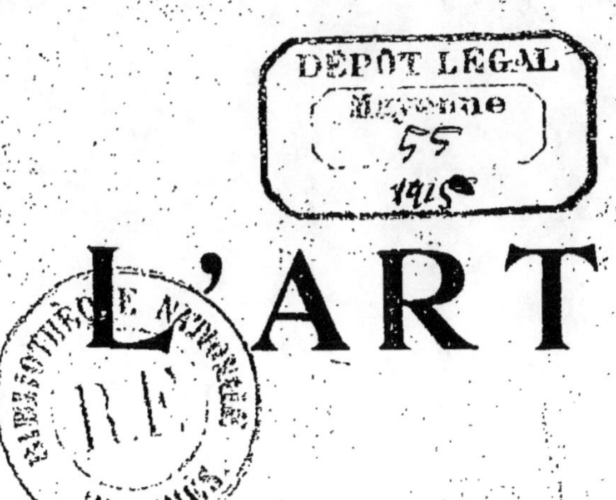

L'ART

par

BERNARD ALEXANDER

PROFESSEUR D'UNIVERSITÉ

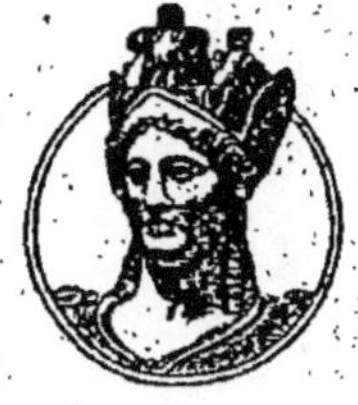

PARIS

FONTEMOING ET Cⁱᵉ, ÉDITEURS

(E. DE BOCCARD, Succʳ)

4, RUE LE GOFF, 4

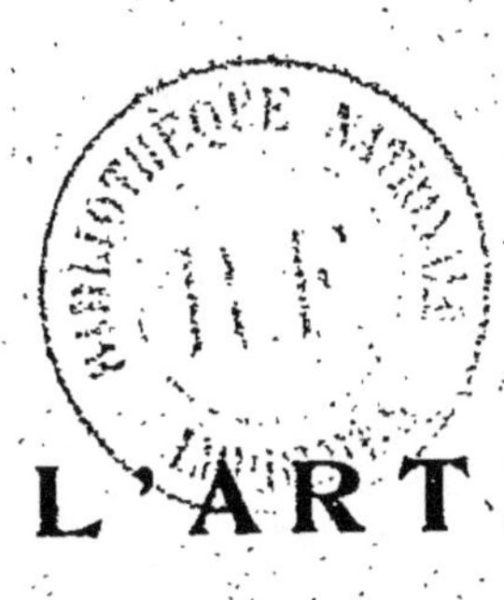

L'ART

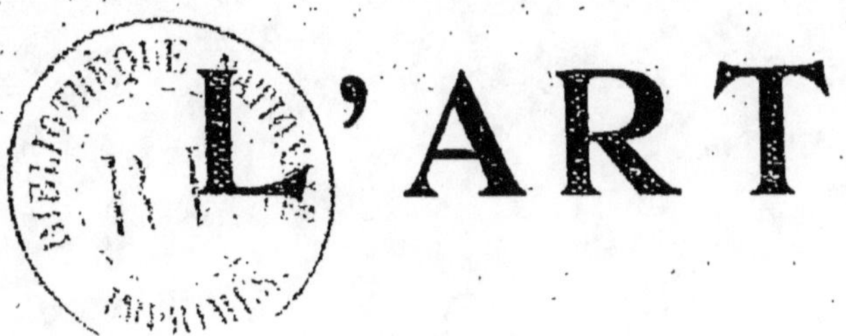

L'ART

par

BERNARD ALEXANDER

PROFESSEUR D'UNIVERSITÉ

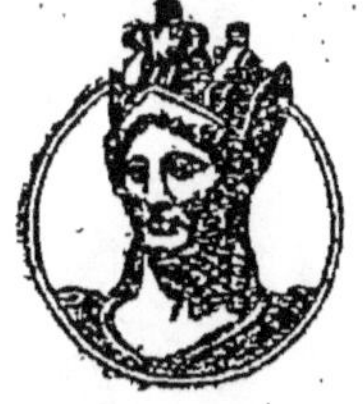

PARIS

FONTEMOING ET Cie, ÉDITEURS

(E. DE BOCCARD, Succ^r)

4, RUE LE GOFF, 4

L'ART

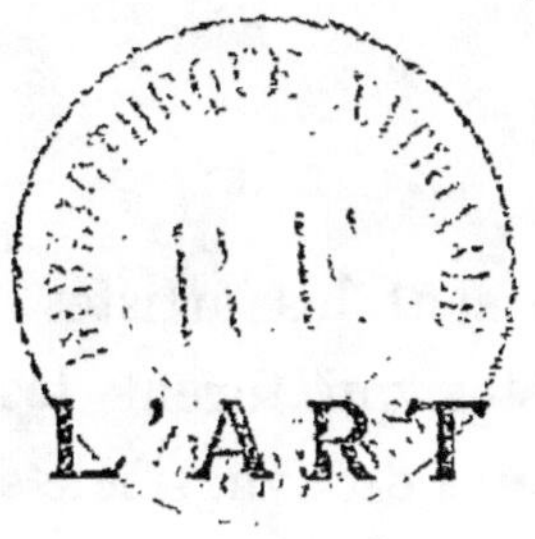

I

La réflexion sur l'art au XIX° siècle

En tout ce qui concerne la réflexion sur l'art, l'interprétation et l'enseignement de l'art, ou l'éducation artistique, le xix° siècle dépasse les âges précédents. Un tel effort critique est rare aux époques les plus florissantes : on peut même dire qu'il y est inconnu. L'âge d'or de l'art grec, le grand mouvement de la Renaissance ne s'accompagnaient pas d'une réflexion sur l'art ; tout au plus en furent-ils suivis ; et alors même on s'attacha plus volontiers aux détails, à des questions de technique. Le xix° siècle a largement différé de ces époques.

Cette fois ce sont les artistes eux-mêmes, et surtout les poètes qui furent les initiateurs. A vrai dire, les poètes du XVII° siècle discutaient déjà volontiers sur des questions théoriques ; mais ils y étaient seulement entraînés par la forme de leur art, dont il fallait démontrer la conformité avec les règles de la poésie classique.

Que sont cependant ces timides examens, ces maigres commentaires auprès de la pieuse ardeur que mettent Gœthe et Schiller à expliquer l'essence de leur art propre et l'essence de l'art en général ? Le même fait, au même moment, s'observe dans toutes les grandes littératures. Le romantisme allemand est caractérisé par le rapport intime qu'il prétend établir entre l'art qui crée et la pensée qui réfléchit. Les préfaces-programmes de Victor Hugo servent de modèles à d'innombrables imitations jusque chez nos contemporains. Le poète y explique théoriquement ce qu'il veut exprimer dans son œuvre. Dans la littérature hongroise, Vœrœsmarty, Arany, Kemény partagent ce goût général de leur siècle : ils veulent qu'on sache ce qui fait, selon eux, l'essence d'une œuvre d'art. De nos jours enfin, on ne trouve guère de poètes à qui la critique et la philosophie de l'art soient restées tout à fait étrangères.

On observe la même tendance dans le domaine des autres arts. Un Wagner, tout en composant ses drames musicaux, en formule la théorie générale ; après lui Brahms, Richard Strauss exposent les principes sur lesquels ils fondent un art nouveau. Dans les arts plastiques, les théoriciens autrefois étaient rares ; de nos jours, personne ne s'est plus étonné de voir Fromentin, Liebermann, Hildebrand, Van de Velde, Rodin expliquer et répandre leur conception artistique par des écrits théoriques. Tout cela tient certainement à une double cause : d'une part, l'œuvre de l'artiste est devenue plus consciente ; elle s'appuie sur des études théoriques, elle est méditée ; d'autre part, son auteur, en atteignant l'esprit du public par le raisonnement, s'efforce d'augmenter la force de propagation de son œuvre. Le travail artistique n'est plus livré sans défense à une critique partiale. Nombre d'artistes savent fort bien manier l'arme de la critique et écrivent comme des maîtres.

LA CRITIQUE

Mais que peuvent faire les artistes qui descendent ainsi dans l'arène, en face de l'armée des critiques de profession? Car les critiques forment une immense armée que suit une bande de pillards. Si la critique a existé de tout temps, elle n'a jamais été aussi puissante qu'aujourd'hui : car de nos jours elle s'est organisée. La *Dramaturgie de Hambourg* de Lessing était une entreprise privée, qui ne tarda pas à sombrer; les *Salons* de Diderot paraissaient dans la *Correspondance* rédigée par Grimm pour les souverains d'Europe; il n'existait pas à ce moment de publicité littéraire ou artistique; enfin le public n'exigeait pas de critique à tout prix. On connaît la situation actuelle. Les journaux sont légion et chacun a ses critiques attitrés qui ne sont pas toujours des Lessing ou des Diderot; il y a, en plus, des revues critiques, des publications spéciales. A elles seules, les listes de notices et comptes rendus emplissent d'énormes volumes. Encore ne sont-ce là que les conditions extérieures, telles

que les a créées l'activité de la vie moderne ;
mais ne pourrait-on pas dire que malgré les présages et les promesses glorieuses que nous avons
trouvés dans les siècles antérieurs, la critique
proprement dite fut une création du XIXe siècle ?
Sainte-Beuve et Taine ont montré d'une manière
admirable comment il faut analyser une œuvre
d'art, en résumer l'esprit, avec quelles précautions il faut se servir des principes généraux et
porter des jugements.

Ainsi se développe la critique, et son développement même montre le goût du XIXe siècle pour
les considérations sur l'art. Le goût crée le besoin,
et c'est grâce à ce besoin que l'action de la critique sur le public s'étend immensément. En Hongrie, Bajza et Greguss, puis Gyulai et Salamon,
guident le goût du public et déterminent pour lui
les valeurs littéraires. C'est la critique allemande
qui fait triompher Shakespeare en Allemagne,
comme le fait la critique anglaise dans les pays
anglo-saxons. C'est encore l'avant-garde de la critique qui impose et fait triompher l'art sécessioniste. Combien de gloires posthumes lui sont
dus ! Si bien qu'enorgueillie par ces succès, la critique tend chez quelques-uns à devenir un genre

littéraire distinct, qui n'a plus pour objet l'analyse des œuvres d'art, mais l'expression des sentiments subjectifs que leur vue a fait naître chez un critique intelligent. La critique se juge aussi importante que l'œuvre d'art elle-même. Elle prétend se hausser jusqu'au lyrisme subjectif.

L'ESTHÉTIQUE ET L'HISTOIRE DE L'ART

Bien mieux : l'esthétique elle-même, en tant que science méthodique, est une création du XIXᵉ siècle. Ce qui en tenait lieu auparavant, ou bien avait un caractère philosophique trop général, ou bien se réduisait à des observations trop spéciales. L'esthétique du XIXᵉ siècle, elle, enferme dans ses grands résumés synthétiques tout le domaine du Beau, ses sources subjectives et ses manifestations objectives, son importance et sa valeur dans la vie humaine. La critique devient en même temps plus forte ; elle puise, en effet, désormais aux sources profondes de l'esthétique ; et de même que la pensée critique cherche son point d'appui dans une pensée esthétique plus générale, de même celle-ci s'appuie, à son tour, sur une pensée philosophique plus générale qu'elle. Les grands ouvrages de Kant, Hegel, Schopenhauer et Nietzsche, ouvrages de philosophie esthétique et critique, sont considérés comme des guides par l'humanité qui leur demande aussi de l'éclairer sur l'art, de l'aider à déterminer la valeur du trésor qu'elle possède et la place qui lui est due. Fait bien caractéristique : aucun philosophe moderne avant Kant n'avait pensé aux valeurs esthétiques. Aux yeux d'un Descartes, d'un Spinoza ou d'un Leibniz, elles n'existent pour ainsi dire pas.

Ajoutons que l'histoire de l'art a pris en même temps un extraordinaire essor. Cette science n'existait pas avant Winckelmann, et cependant lorsque nous pensons maintenant à son initiateur, nous éprouvons presque le même sentiment de douce pitié qu'à la vue des vieux moyens de locomotion relégués dans les musées rétrospectifs. L'histoire de l'art, aujourd'hui, est une science organisée, extérieurement et intérieurement ; je veux dire qu'elle est richement dotée de chaires et de collections, et maîtresse de méthodes éprouvées. Elle a recours à l'ethnologie pour rechercher les origines de l'art, à la psychologie pour en découvrir les sources éternelles, à l'histoire de la civilisation pour en retracer les vicissitudes ; elle cherche enfin par tous les moyens à reconnaître les lois qui régissent le développement et les variations du goût. Si elle fournit à l'esthétique une base empirique, elle lui emprunte pour sa part quelques-uns de ses moyens d'observation. Les musées, naguère chaos de curiosités, sont aujourd'hui, avec des galeries isolées, au service de l'histoire de l'art; ils sont organisés pour des fins didactiques : établissements scientifiques d'un nouveau genre, ils collaborent effectivement avec les universités et les académies. Le perfectionnement continu des procédés de reproduction met les chefs-d'œuvre de l'art en quelque sorte à la portée de tous ; il permet une préparation précieuse, une initiation préalable, avant la visite des collections ; enfin cette visite elle-même est facilitée par le développement des moyens de communication, et la fièvre de voyages qui caractérise notre époque en fait une nécessité de la mode. L'art ne s'est pas laissé distancer dans le grand élan de vulgarisation qui entraîne les connaissances contemporaines; il paraît même en avance sur les autres productions intellectuelles.

ASPECTS ÉCONOMIQUES

D'autre part les arts, et surtout les arts industriels, sont devenus des facteurs économiques importants. Ce point de vue n'a, il est vrai, qu'un rapport lointain avec celui où nous nous plaçons ; pourtant les causes profondes de cet état de choses peuvent servir également à éclairer quelques-unes des faces du problème que nous nous proposons de résoudre ici. Comment expliquer cet accroissement inouï du nombre des artistes, dont l'histoire de la civilisation n'offre aucun exemple ? Certes, les conditions économiques y ont largement contribué : de grandes fortunes se sont constituées, et leurs détenteurs n'en peuvent tirer parti que par le luxe : or il n'y a pas de plus grand luxe, de luxe plus réel et plus apprécié, que la possession des œuvres d'art. Les sommes que les nababs américains consacrent à des tableaux et à des statues eussent singulièrement étonné les plus généreux Mécènes de l'histoire. Il s'ensuit que quelques artistes privilégiés réalisent et dépensent des fortunes princières, ce qui exalte naturellement l'imagination des jeunes. Oui, tout cela est bien vrai, reconnaissons-le ; et pourtant, à notre avis, ce n'est ni là, ni dans la multiplication des Écoles des Beaux-Arts qu'il faut chercher les raisons véritables de l'accroissement du nombre des artistes. Les raisons sont bien plus profondes. Ce n'est pas en effet surtout l'argent qui attire la jeunesse, mais bien plutôt la gloire dont l'art est auréolé ; c'est elle qui donne à l'œuvre d'art la valeur qui en fait un objet de luxe, qui pousse l'état à lui attribuer l'importance d'une richesse nationale ; et c'est elle qui éveille, attire et développe le talent des jeunes gens. Le monde moderne a soif de beauté et d'art. Le siècle du charbon, des locomotives, des fabriques, des banques, a fait la vie plus triste ; bien des joies anciennes de l'âme se sont évanouies, la lutte pour l'existence qui a remplacé l'atrocité des guerres et des procédés juridiques anciens, est à peine moins cruelle qu'eux ; et les grandes fortunes modernes sont comme des îlots resplendissants, que la mer du paupérisme vient battre de ses sombres flots. Nous cherchons, dans le culte de l'art, une compensation idéale à la lutte pour la vie matérielle. Remarquons au surplus que ce culte de l'art a précédé l'essor économique moderne : c'est le romantisme qui a commencé à déifier l'art, et qui en a fait l'une des premières joies de la vie. C'est l'aube du XIX° siècle qui a entendu retentir le premier cantique en l'honneur de l'art ; avant la naissance d'un art et d'une vie économique modernes, Gœthe conduisait l'homme en Italie et lui faisait admirer le trésor artistique de la Renaissance et de l'antiquité ; Schelling écrivait les paroles de cette mélodie. Après eux venait Ruskin, dont l'action fut toute différente, féconde en résultats pratiques ; puis tous les courants nouveaux qui coulaient, visibles ou cachés, se réunirent enfin pour former le grand fleuve qui porte sur ses flots le vaisseau de l'art, la seule valeur essentielle qui semble rester intacte au milieu des orages de l'existence moderne. C'est par l'art que D. F. Strauss prétend remplacer les temples qui tombent en ruines. Dans le pessimisme de Schopenhauer il est, avec la philosophie, la seule consolation lumineuse au mal de vivre. L'art est l'objet des aspirations du XIX° siècle, son idéal, sa consolation ; au moins pour un temps, il est la valeur qui l'emporte sur toutes les autres.

LA CONSCIENCE DE SOI DE L'HOMME MODERNE

Voilà le sentiment qui explique la persévérance et l'intensité des méditations sur l'esthétique, depuis le commencement du xix⁰ siècle jusqu'à nos jours. L'homme veut, à force de réflexion, faire la conquête de l'art ; il veut lui arracher ce secret qui à première vue paraît si simple mais qui s'obscurcit et se dérobe dès qu'on tente de le pénétrer. Conscient de son pouvoir, l'homme moderne ne se résigne pas à son échec. Ce que nous ne pouvons pas exprimer, rendre compréhensible à l'entendement par le langage, nous ne le regardons pas comme nôtre. L'homme d'aujourd'hui éprouve de l'aversion pour les grands essors instinctifs et inconscients ; il veut en découvrir les secrets par son intelligence. La pensée consciente est devenue une si grande puissance à notre époque que rien ne peut se faire valoir sinon par elle et en prenant sa figure. Nous voulons rendre l'homme lucide jusqu'au plus profond de son être. Certes, nous nous rendons compte que l'intelligence n'est pas tout, que la pensée consciente n'est point une force créatrice, bien mieux, que là où la force créatrice de l'âme commence, là finit la réflexion : car c'est seulement lorsque les forces créatrices de l'âme ont à peu près achevé le travail de formation du concept que commence le travail de la réflexion. Encore voulons-nous constater tout cela, et planter le drapeau de l'intelligence même sur les territoires situés en dehors du domaine de la pensée réfléchie. Nous avons la passion de l'intelligible. Nous voulons tout comprendre pour tout dominer ; et nous ne reconnaissons pas d'autre souveraineté que celle de l'intelligence.

Il semble, toutefois, que toute cette agitation, ce travail acharné, ces efforts de l'intelligence, ce culte enthousiaste de l'art se poursuivent, en majeure partie, *en dehors* du domaine de l'art. Nous sommes passionnés d'art, mais cet amour n'est peut-être que le désir d'un cœur blasé qui voudrait bien aimer et qui n'en est pas capable. Nous avons un pressentiment des plaisirs du paradis et nous tremblons d'en être à jamais exilés. La critique, l'esthétique, l'histoire de l'art sont de belles choses, mais elles ne remplacent pas le sentiment vivant de l'art, elles le supposent, au contraire, existant en dehors d'elles. Sans lui, tout ce qu'elles disent reste vain ; sans lui elles ne traitent de l'art que ses côtés extérieurs, ce qui ne touche pas à son essence même. Et nous ne devons pas borner notre recherche aux critiques, aux esthéticiens, aux historiens de l'art; quand bien même ils auraient tous le sentiment de l'art, quand bien même ils seraient tous dignes d'entrer dans le temple des Muses, forment-ils à eux seuls le vrai public? Non, ils ne sont que les interprètes du sentiment général. De quoi se compose donc le grand public? Est-ce de connaisseurs, d' « amis des arts »? Un observateur attentif de ce monde qui s'agite autour des milieux artistiques, est bien forcé de constater que le culte de l'art qu'on y affiche n'est bien souvent, comme tant d'autres cultes, qu'un mouvement des lèvres, une idolâtrie, l'inutile recherche d'un dieu par des incrédules. Quelle place occupe l'art dans la vie moderne? Nous ne demandons point à quelle place il a droit, nous demandons quelle place on lui concède. Quelle est sa valeur pour nous?

L'ART CONTEMPORAIN

Avant d'aborder cette question, jetons un regard d'ensemble sur notre époque et nous y pourrons

constater un phénomène singulier. Quel que soit
le siècle que l'on considère, la première condition
d'une religion artistique, c'est l'existence correspondante d'un art. Le monde grec eut son art à
lui, il en fut de même du Moyen âge et de la Renaissance; et chacune de ces époques eut un culte
personnel de l'art, qui répondait au caractère de
son art propre. Public, connaisseurs et artistes se
confondaient alors en une grande unité vivante
qui ne restait pas immobile, mais était agitée de
grands mouvements, d'ondes semblables à celles
qui traversent un organisme vivant. Les artistes
exécutaient des œuvres que le public sentait, et que
comprenaient les connaisseurs. C'était tantôt l'un,
tantôt l'autre qui prenait les devants; parfois le
goût public donnait l'impulsion à l'artiste, parfois, et c'est le cas le plus fréquent, le génie de
l'artiste éveillait, affinait le sens artistique du
public; et il arrivait aussi que la critique éclairât
de ses lumières et l'artiste et le public. Quelle
est, au contraire, notre situation ? Avons-nous un
art ? Le culte vivant de l'art ne peut pas simplement vivre sur le passé; il y a là quelque chose
d'appris qui ne vient pas du cœur et qui ne saurait agir sur lui. N'est-il pas étonnant que le

xix⁰ siècle ne possède pas, pour ainsi dire, d'art propre, ou plutôt qu'il ne possède pas d'art qui soit commun à tous ? Aucune époque, dans l'histoire de la civilisation, n'a vu changer les goûts aussi vite et aussi souvent que la nôtre. Aucun siècle artistique ne s'est montré aussi capricieux, aussi inconstant que le xixᵉ siècle. Ce temps a des modes et non des styles, dit avec raison Van der Velde.

Il est vrai que le xixᵉ siècle est le premier siècle démocratique, c'est-à-dire un temps où le public a augmenté dans des proportions démesurées, et s'est adapté à la fabrication en grand. L'art grec était un art municipal, celui du moyen âge était au service de l'Église et des corporations ; celui de la Renaissance était aristocratique. Chaque centre possédait une vie artistique intense, mais aussi très intime, dont les rayons se propageaient lentement et par ondes irrégulières. Au xixᵉ siècle ces centres disparaissent, l'intimité cesse, on croirait que toute la vie artistique est suspendue. Cette démocratie a si peu le sentiment de l'art qu'elle semble presque lui être hostile. Toutes les conditions essentielles au maintien de l'art sont devenues instables ; cet organisme délicat est incapable de s'adapter sur-le-champ à des circonstances nouvelles. Vers le milieu du siècle, la courbe de l'art est arrivée si bas qu'elle ne peut plus guère descendre. Une véritable barbarie triomphe pendant quelque temps.

Ce siècle aura vu une véritable décomposition de bien des formes d'art. Qu'est devenue la poésie lyrique ? N'a-t-on pas proclamé sérieusement, ne proclame-t-on pas encore aujourd'hui que le vers consiste simplement en un jeu de vocables colorés, dont le but est d'exprimer des états d'âme obscurs, et qu'il n'est pas toujours nécessaire de comprendre ? La poésie lyrique peut-elle se moquer à ce point de la raison ? Cependant le roman dégénère en dissertation scientifique, le drame s'abaisse jusqu'à devenir un amusement vulgaire, à moins qu'il ne s'enfle de l'ambition de sermonner. Quant à la statuaire du XIXᵉ siècle, elle a « enrichi » l'histoire de l'art de quelques tristes pages : plus il a fallu dresser de statues, plus on a vu de productions avortées, plus on a constaté de douloureuses impuissances. La peinture, elle, se traînait en des aventures plus variées qu'intéressantes ; ce n'est que dans la seconde moitié du siècle qu'on la voyait enfin renaître : mais la marche de cet art ressuscité était si mal assurée, il allait tellement à l'aventure que l'art et le public furent longtemps sans se rencontrer. Que dire de l'architecture, qui semble s'être fait un principe de vivre de plagiats? La convention y oscille entre les extrêmes de l'arbitraire individuel, et l'art y cherche un accommodement dans le juste milieu des mélanges de styles. Mais arrêtons-nous : ce que nous voulons, c'est non pas disserter sur l'histoire de l'art en ce siècle, mais parler de la valeur de l'art dans la vie moderne. Constatons que jamais il ne fut l'objet de tant de considération, d'un culte aussi déclaré ; jamais on ne se préoccupa autant de l'enseigner et de le répandre ; et pourtant notre hésitation reste entière : nous nous demandons si tout cela est réellement le signe d'une vie intense, d'un sentiment profond de l'art ; nous nous demandons si l'art est pour nous tout ce qu'il devrait être, et sinon, ce que nous devons faire pour nous rendre capables d'apprécier toute sa valeur. Telles sont les questions que nous allons essayer d'élucider.

II

Notre système d'éducation

La vie moderne semble donner à l'art tant d'impulsions que le cultivateur lui-même ne sème pas
son grain plus dru. Et pourtant, on se plaint vraiment trop de la récolte. Il ne suffit pas, en effet, de
jeter la semence au hasard ; il faut du soleil et de la
pluie, une défense contre la gelée, il faut que le
grain soit bon, le champ bien labouré. Or, en notre cas, c'est surtout le terrain qui est mauvais ;
ce qui est insuffisant, c'est la prédisposition à goûter l'art. Cette prédisposition ne peut pas être aussi
fine, aussi sûre, ni aussi largement répandue que
le proclament tous ceux qui font l'éloge de notre
siècle ; on s'en rend compte en songeant non
seulement aux erreurs des artistes qui ne visent
que la vente, mais surtout à certains caractères
de notre époque d'où l'on peut d'avance, à coup

sûr, conclure à un affaiblissement des prédispositions artistiques. Examinons en première ligne l'esprit et les méthodes des établissements secondaires, où sont élevées ce qu'on appelle les « classes dirigeantes » de notre société. Quels soins y donne-t-on à l'éducation artistique de la jeunesse ? Il va de soi que, si on néglige de développer la prédisposition artistique dans les années où la jeunesse se montre le plus susceptible, il ne sera possible d'y remédier plus tard que très difficilement et dans des cas exceptionnels. Certes, l'école de la vie comble certaines lacunes, et le besoin de vivre est le meilleur éducateur ; mais ce besoin-là ne vous conduit guère à l'art. Or, que font les écoles secondaires ? Elles ne s'occupent pas du tout des arts plastiques, fort peu de la musique ; enfin, bien qu'elles ne fassent entrer dans le cadre de l'enseignement que la poésie, elles la traitent du point de vue philologique, archéologique ou moral, et parfois dans un sens entièrement contraire à l'esthétique ; mais nous reviendrons sur ce point. Dès lors aucune idée, parmi les quelques idées d'un bachelier, n'est plus obscure ou plus vague que celle qu'il se fait des arts plastiques ou des arts en général ; son goût pour les arts n'a jamais été développé, il semble ne point exister. C'est le philologue qui, dans nos lycées, est le maître ; après lui viennent le mathématicien et le physicien ; les autres professeurs ne viennent que loin derrière eux. Et cependant, l'érudition de nos philologues est en général très faible ; vous ne pourriez exiger d'eux rien qui dépasse les bornes strictes de leur programme limité. Et cette constatation, vraie des lycées, s'applique aussi bien aux écoles normales et aux autres instituts pédagogiques. La chose est d'autant plus grave qu'on ne peut guère entretenir l'espoir, du moins pendant un certain temps, d'améliorer cette triste situation. Nous-mêmes, nous avons subi en notre temps une éducation plus mauvaise encore. On ne parlait pas même alors de musées scolaires : nous ne voyions rien. La grammaire faisait peser sur nous son despotisme rigoureux. Les choses, aujourd'hui, se sont améliorées. Il arrive que les écoles conduisent elles-mêmes leurs élèves en Italie ; à vrai dire, comme ces voyages sont faits la plupart du temps sans qu'on y ait préparé les enfants, il n'est guère possible que l'effet en soit profond et durable. Mais la cause radicale du mal est que le système d'éducation de nos établissements, secondaires ou autres, s'enferme dans un programme trop exclusif : on veut développer l'intelligence de l'élève, l'exercer à la pensée abstraite, le faire raisonner, et lui inculquer une certaine somme de connaissances exactes. A mettre les choses au mieux, on lui donne une certaine culture, d'ailleurs exclusive et purement intellectuelle. Les écoles considérées comme les meilleures enseignent à leurs élèves à bien manier leur langue, et leur donnent quelques connaissances en histoire naturelle. Un bon élève, au moment où il passe son baccalauréat, sait raisonner sur une foule de sujets, il les scrute et les interprète de façon acceptable ; il saurait même écrire des feuilletons ou des articles de tête : tout au moins est-il sur le chemin qui y mène. Il est d'autre part fortement persuadé de sa valeur, ne se sent pas peu fier de ses connaissances et de ses capacités, et se montre parfaitement apte à la critique négative. Savoir écrire et au besoin parler de tout, tel est l'idéal où se borne l'ambition de l'élève aussi bien que celle de ses maîtres. Et pour les maîtres, à la vérité, la chose est si naturelle que le contraire nous étonnerait. Il est facile, en effet, d'exercer l'intelligence des élèves sur des connaissances concrètes : un professeur médiocre y réussit, même avec des élèves médiocres. Il obtient facilement ainsi des résultats dont on peut aisément se rendre compte, qu'on peut exposer à la vue. Combien ils « prennent », ces examens où l'on exige des élèves des connaissances précises ! Le public est content, l'élève fier ; et que dire du professeur ? Tout à la joie du triomphe, il oublie que de tels résultats sont nuls, qu'ils n'attestent aucune culture. On trouve moins brillants les examens où il ne s'agit plus d'étaler avant tout des connaissances, mais où il faut faire preuve d'intelligence, témoigner d'une culture réelle. Il n'y a plus là rien de mécanique ; et certes il n'est pas facile de faire éclater aux yeux les résultats d'une bonne éducation morale et esthétique. Une telle éducation exige une préparation laborieuse, elle ne procure pas immédiatement des avantages précis. Les fruits qu'elle porte ne mûrissent que longtemps après, trop tard pour que l'école en puisse faire parade, trop tard aussi pour qu'on puisse lui demander compte de l'insuccès.

Il est cependant une qualité dont on peut facilement constater la présence : c'est la facilité de l'observation ; et cette habitude d'observer autour de nous est fort peu développée chez nos bacheliers. Un jour, un ministre se plaignait que son fils, après avoir passé son baccalauréat, eût encore trop peu de sens pratique pour savoir prendre un billet de chemin de fer. Le plus grand mal n'est pas là, en vérité : le sens pratique ne s'acquiert que par expérience ; ce qui est plus grave, c'est que nos bacheliers ne regardent et ne voient rien. Ils ne s'intéressent pas à la réalité, n'en voient pas les traits caractéristiques ; leurs observations manquent de précision. Ils ne réfléchissent que sur des mots et sur des pensées ; plus encore sur les mots que sur les pensées. A dire vrai, pourrait-il en être autrement ? Ces méthodes condamnables tiennent aux origines mêmes de notre culture moderne : rappelons-nous les discussions scolastiques, l'enseignement oratoire de la Renaissance, le rationalisme du XVIIᵉ et du XVIIIᵉ siècles, l'idolâtrie de la grammaire, le peu d'espace laissé aux sciences naturelles, et les méthodes pédagogiques qui en tirent trop lentement profit. Où et quand notre jeunesse a-t-elle l'occasion d'observer ? Est-ce quand elle apprend le latin ou le grec ? Quelles occasions s'y présentent, quel stimulant y trouve-t-elle ? On ose bien lui montrer parfois une photographie ou un moulage, mais la règle de la construction de l'accusatif avec l'infinitif est considérée comme une chose infiniment plus importante. Il vaut mieux passer sous silence les « connaissances classiques », dont l'enseignement au lycée n'est qu'une parodie à la Potemkin, destinée à permettre aux bacheliers de faire des réponses brillantes. Le professeur de langue hongroise n'a pas plus que ses collègues l'occasion de développer le sens de l'observation. Ce qui passe avant tout dans l'enseignement, c'est la grammaire ; puis viennent la rhétorique, la poétique, l'histoire de la littérature ; on apprend à noter les expressions correctes, à cataloguer les expressions incorrectes : toute faute d'orthographe est un crime capital ; mais toute autre ignorance est excusable.

Il est difficile de réagir : ceux mêmes qui critiquent les résultats de nos lycées ont été formés par ces lycées ; ils sont mécontents, mais ils ne savent pas clairement pourquoi ils le sont. Disons-leur donc que le grand mal ce n'est pas la faute d'orthographe, mais bien plutôt le verbalisme ; nous sommes submergés par le flot des mots. Il n'est pas jusqu'à l'histoire naturelle où l'on ne se hâte de reconnaître les lois, les causes, les éléments, sans prendre le temps de s'arrêter longtemps à l'observation. Quant au dessin, il est facultatif dans nos lycées ; et jusqu'à une époque très récente, on se bornait au dessin d'imitation et au développement d'une habileté manuelle purement mécanique.

Mais ne suffit-il pas de jeter un coup d'œil sur nos jeunes gens ? Qu'il est rare de rencontrer chez eux des yeux pénétrants, furcteurs, qui regardent les choses de près et les analysent, qui les comprennent bien tout de suite et jusqu'au fond ! Et qu'on ne dise pas que cette faculté précieuse de vision est un don personnel qui n'échoit qu'à certains. Non, cette faculté, c'est la vue naturelle et normale, celle du paysan ou de l'ouvrier, celle de l'enfant avant qu'il ait fréquenté l'école. Elle est dirigée par l'attention, et cette attention vit de la mémoire de nos expériences antérieures. Après avoir rassemblé un nombre suffisant d'expériences sur un sujet donné, notre attention trouve aussitôt facilement les points de vue essentiels, qui « organisent » notre perception fidèle et détaillée des choses. C'est ainsi que, dans le domaine où il se meut, le paysan est un excellent observateur ; il perçoit les plus légers changements de la température, les différences minutieuses qui distinguent deux sortes de semences, etc. C'est qu'il y porte son attention ; et s'il le fait, c'est que par des expériences antérieures il a reconnu la valeur des phénomènes considérés. Le cercle d'expérience des gens instruits est beaucoup plus étendu encore : si donc ils s'accoutumaient à ouvrir les yeux, leur observation pourrait être infiniment riche. Voyez cependant nos jeunes gens ! Leurs yeux ont une expression indécise, ou plutôt rêveuse et exaltée, ou bien, pire encore, hébétée, obstinée. Or, c'est bien par les yeux d'abord que les arts plastiques peuvent parler à l'âme. Quelle prédisposition, quel sens pour les arts espérer de ces jeunes gens ? Tableaux, statues, monuments ne leur disent à peu près rien. Ils n'en distinguent point les traits caractéristiques. Seul ce qui est bizarre ou criard peut éveiller leur intérêt somnolent. Ils n'ont pas d'impressions esthétiques : le sentiment esthétique n'existe pas en eux ; comment formeraient-ils des jugements esthétiques ? Ce qui leur plaît dépend des hasards les plus singuliers, mais il est rare en tout cas qu'ils l'envisagent du point de vue esthétique. Et voilà bien la première cause

d'où résulte l'effrayante indifférence esthétique
dont témoignent les gens instruits.

TRAVAIL ET PLAISIR

Il faut avouer aussi que l'esprit public ne favorise guère la contemplation esthétique, et le grand
mouvement, l'agitation extérieure que l'on peut
constater sur le marché artistique n'est pas toujours le signe d'une vie véritable et saine. La vie
de la société d'aujourd'hui a deux pôles : le plaisir et le travail, autour desquels tout gravite ; la
jouissance artistique, comme l'art véritable, se
rencontrent aussi rarement dans l'atmosphère de
l'un que dans celle de l'autre. Il va de soi qu'un
pauvre homme qui s'épuise au travail ne peut pas
considérer les beautés de la nature, ni celles de
l'art, d'un esprit libre et calme ; il apparaît moins
encore des prédispositions chez les ploutocrates
avides qui pourchassent l'argent, les gens qui travaillent fiévreusement, se jettent dans des spécu-
lations audacieuses et s'absorbent dans leurs combinaisons colossales jusqu'à s'oublier eux-mêmes ;
les premiers, après l'accablement de leur travail,
n'aspirent qu'au repos, et le peu de loisirs qui

leur restent, ils les emploient à se refaire ; les seconds, au contraire, cherchent la griserie des plaisirs ; l'objet de la chasse a changé, mais c'est toujours une chasse. Leur âme n'est accessible à l'art que s'il sert à leur plaisir, s'il excite leurs sens émoussés, s'il peut les frapper ou les étourdir ; les collectionneurs riches, les Mécènes, poursuivent la satisfaction de leur vanité, du sentiment de leur dignité et de leur ambition ; ils divinisent la mode parce qu'elle constitue un terrain où ils peuvent se surpasser les uns les autres ; ce qu'ils apprécient le mieux, c'est la virtuosité, l'habileté, parce qu'ils peuvent jusqu'à un certain point la mesurer : elle leur permet de faire les comparaisons quantitatives, qui leur sont familières. A leurs yeux, un objet d'art, pour être magnifique, doit surpasser les autres, en quelque manière, par son prix exorbitant, par sa bizarrerie ou par sa rareté ; il doit constituer enfin une acquisition que seul un riche puisse se permettre ; au reste, il ne leur déplaît pas que, la spéculation aidant, leur achat puisse un jour former un placement rémunérateur. Des financiers s'installent des musées privés, aussi beaux que les musées publics, à coups de millions. Les marchands qui vendent

en grand les objets dart, ont des *trucs* étranges et
raffinés pour hausser le prix de leurs marchan-
dises, pour mettre en vogue leur stock. La grande
influence que ces riches, par leur goût, leurs exigences, la tournure de leur esprit exercent sur
les artistes qui travaillent pour eux, est incontestable. Dans une société dont le plaisir est l'idole,
l'art se transforme, lui aussi, en un article de
plaisir. La critique, qu'on peut toujours acheter,
célébrera cette dégénérescence de l'art, ce culte
sensuel, ces injures à la logique artistique comme
autant de produits d'une époque nouvelle ; et la
critique artistique est toute pleine de ce nervo-
sisme dont, prétend-on, l'homme moderne est seul
capable ; l'homme moderne, c'est-à-dire cet homme
qui, fatigué, désenchanté de tout, dégoûté de la
vie, déteste comme des brutalités intolérables tout
mot prononcé un peu haut, toute couleur vive,
toute composition claire, toute logique artistique.
Comme si ces hommes étaient capables de cette
abnégation de soi, sans laquelle il n'existe pas de
sentiment ni de jouissance d'art ! Ce que ce public aime dans une œuvre, ce n'est pas l'art, mais
soi-même, le chatouillement et la satisfaction de
ses aspirations égoïstes.

LA SENSUALITÉ DANS L'ART MODERNE

La toute-puissance de la sensualité est une caractéristique très spéciale et très nette de tout notre art moderne. Certes, je suis de ceux qui détestent les pharisiens hypocrites, et je crois que l'art a le droit d'être sensuel : c'est seulement aux yeux et aux oreilles qu'il s'adresse et, si son objet le demande, il doit savoir se placer au-dessus des conventions. Un beau corps nu est un admirable chef-d'œuvre de la nature ; le mystère de l'amour est la force admirable qui crée et perpétue le monde. Au contraire, la pruderie peut être impudique, et ce qui est une vertu dans la vie sociale peut devenir, dans le domaine de l'art, une pure absurdité.

Certes, l'art grec et surtout l'art romain étaient également sensuels, mais d'une toute autre manière, qui n'était point cette sensualité répugnante, et froidement poursuivie, de l'art moderne. Il ne s'agit plus, en effet, de peindre des corps nus ; il ne s'agit plus de l'amour, mais de la vie sexuelle en ce qu'elle a de plus bas. Le théâtre, qui veut flatter les désirs de son public, ne se préoccupe nullement d'art, mais se contente d'exciter la sensualité de son auditoire par les tableaux qu'il lui présente. On admettait encore qu'il cherchât à amuser la foule par de beaux spectacles ; on lui pardonnerait presque de considérer Shakespeare comme un simple prétexte à des mises en scène compliquées, ou à l'introduction sur le théâtre de quelque acteur qui brille dans un rôle de passage. Certes, Shakespeare ne gagne rien à tout cela; du moins cette bannière, même portée par des mains d'une propreté douteuse, s'incline-t-elle devant lui. Mais nous sommes allés plus loin, et personne ne se scandalise plus aujourd'hui de voir certaines danses — et quelles danses ! — quitter les cafés-concerts qui ne leur suffisent plus, et monter fièrement sur la scène. Si l'on continuait à séparer ce qui doit être séparé, il n'y aurait point de malentendu possible, mais ce qui nous révolte et nous scandalise, c'est de voir donner pour de l'art nouveau, pour de l'art moderne, l'impudicité plate et cynique de prétendues œuvres d'art qui ne sont que de simples planches d'anatomie. Le théâtre est en pleine décadence: le calembour y tient désormais lieu d'esprit. Le théâtre est menacé de faire banqueroute;

et je ne parle pas là d'une banqueroute matérielle (car un théâtre adroitement dirigé est une véritable mine d'or), mais de banqueroute artistique. Les gens sérieux n'aiment plus le théâtre ; des hommes délicats de ma connaissance, fins lettrés et artistes de talent, ont une peur maladive du théâtre et refuseraient d'y mettre les pieds pour tout l'or du monde. A peine trouve-t-on çà et là dans les plus grandes villes, comme au milieu de la mer tumultueuse, des îlots de paix qui diminuent de jour en jour, des scènes qui n'oublient pas entièrement leur vocation artistique : mais nos dix doigts suffiraient largement, je crois, à les énumérer. Il semble d'ailleurs que ce soit le sort du théâtre ; il s'affaisse facilement dans l'ordure, il s'y rabaisse aisément. Le public est encore très bien caractérisé par certaines publications qui sont de bonne vente et qui rassemblent, dans une intention difficile à méconnaître, les nudités des expositions de Paris, des corps plutôt déshabillés que nus et qui témoignent suffisamment du nouvel esclavage de l'art. L'art ressemble au jeu, mais il n'est pas purement un jeu ; aussitôt qu'il s'y est abaissé, que ce jeu soit même celui de la virtuosité, il entre dans le chemin qui conduit à la dépravation. L'art ne connaît pas la pudeur, mais c'est seulement parce qu'il ne connaît pas non plus l'impudeur ; aussitôt qu'il est pudique, par crainte de l'impudeur, ou qu'il veut tuer la pudeur, il manque gravement à son caractère originel. Dans les sociétés très raffinées et avides de plaisir, l'art penche vers la décadence ; et nous nous demandons si les hommes, qui travaillent follement ou qui s'amusent follement, peuvent être sensibles à l'art, à cet art qui ne connaît point les entraves, qui jouit d'une liberté divine, qui est purement objectif et exige une abnégation complète.

Arrivons à la conclusion qu'aujourd'hui si peu d'hommes osent formuler : une vie artistique saine ne peut exister sans une force morale parfaitement intègre. Et qu'on ne se méprenne pas sur le sens de ce principe : il n'est pas question pour l'art de suivre ou de ne pas suivre les lois morales ; mais nous voulons dire que l'art, comme tout ce qu'il y a de grand au monde, ne peut surgir que d'une nature humaine intègre. — Une vie politique, sociale et religieuse florissante, ne peut naître que des couches profondes d'une nation, celles qui ne sont point encore corrompues ; les classes supérieures sont toujours dépravées par la possession de l'argent et du pouvoir, par le luxe et l'égoïsme ; les nations, leurs institutions et leurs mœurs, tout ce qui fait leur vie, ne peuvent fleurir que si elles se régénèrent par en bas. Le réservoir de force des nations se trouve dans ses classes populaires, ce qui ne veut pas dire les plus basses. De tout temps, les rédempteurs sont nés près des crèches. Ceux qui expliquent la Renaissance par une résurrection de l'art antique, se bornent à un point de vue partiel ; ils prennent pour une cause ce qui est seulement un effet — l'effet de ce progrès psychologique d'où naîtront plus tard la science nouvelle, la cité nouvelle, la Réforme et l'école nouvelle. — La résurrection de l'art antique fut seulement un des effets multiples de ce profond mouvement des forces morales.

C'est qu'en effet, si les forces morales ne sont point à proprement parler des forces créatrices, elles sont les conditions essentielles de la création. Je me refuse à considérer comme un pur caprice du hasard que nous ayons récemment reçu notre impulsion artistique des pays du Nord, restés plus intacts que nous au point de vue moral, de petits États comme la Norvège, le Danemark, de la Russie retardée dans sa culture. Leurs artistes sont moins polis et raffinés, moins subtils et moins spirituels qu'un Wilde ou qu'un Beardsley, pour ne point citer les Français ; dans l'œuvre tout entière d'Ibsen on ne trouverait peut-être pas un seul « mot d'esprit », une seule équivoque, une seule obscénité ; mais en même temps qu'un homme extrêmement sérieux, c'est un artiste de premier ordre dont l'influence se prolongera peut-être pendant des siècles.

Retenons donc ceci : c'est que de l'état des arts, ainsi que des autres manifestations de l'activité d'une nation, on peut induire sa force vitale, et réciproquement. — Or, l'atmosphère morale que nous font la vie économique et la vie sociale moderne n'est nullement favorable à la culture du sentiment artistique. C'est en vain qu'on entasse les considérations sur l'art, qu'on bâtit des musées, qu'on commande des statues, qu'on enseigne l'histoire de l'art et qu'on répand les bonnes reproductions des chefs-d'œuvre. Certains symptômes inquiétants se manifestent, qui témoignent de l'affaiblissement du facteur artistique le plus important, la force morale.

LA SCIENCE ET SES APPLICATIONS ; RÉFORME SOCIALE

Je ne voudrais point faire un sermon de carême. Je ne veux pas louer le passé aux dépens du présent, et paraître n'avoir d'yeux que pour les défauts de notre époque. Il est trop facile de ne voir qu'un seul aspect des choses ; le passé s'idéalise aisément, tandis que nous sommes frappés par les moindres taches du présent. Il serait injuste de ne considérer que les riches, les seigneurs féodaux, en les opposant aux classes qui languissent dans l'esclavage, de tirer des conclusions hâtives de ce contraste, ou de ne mettre en lumière que les aspects déplaisants de la situation. La vérité est qu'il existe d'autres hommes entre ces cas extrêmes et que certains aspects sont plus encourageants. L'énorme labeur du XIXe siècle témoigne d'un immense effort et révèle l'existence de grandes impulsions morales. Le XIXe siècle est par excellence le siècle de la science.

Il a organisé et fait avancer le travail scientifique dans une mesure et d'une manière inconnues jusque-là. Il a vu se créer une armée de savants

qui, tout en conservant la liberté de leur initiative, coordonnent leurs efforts en un concert que
les siècles précédents auraient eu peine à imaginer : qu'on se rappelle seulement, au VI° chapitre
du *Discours de la Méthode*, les doutes de Descartes sur l'organisation du travail scientifique et
l'intelligence du travail chez les savants ! Le XIX° siècle a dû créer de toutes pièces la science de la
vie organique, car les XVII° et XVIII° siècles n'avaient
achevé que le cadre de la physique, et entamé
celui de la chimie. Il a développé les applications
techniques de la physique. Seules ces conquêtes
de la technique ont permis à l'activité industrielle de se développer, et désormais les forces
de la nature peuvent être adaptées au service de
l'homme, la vie devient plus confortable, la possibilité des jouissances augmente énormément, les
communications se développent merveilleusement,
la force humaine peut être délivrée des innombrables obstacles des époques précédentes, le
nombre des gens qui prennent part au travail ci-
vilisateur se multiplie et de grands capitaux s'ac-
cumulent. Il n'est que trop naturel que cette
évolution qui se marque toujours davantage, s'accompagne d'un certain penchant matérialiste dans

la conception de la vie et dans la façon de la mener ; la passion du plaisir s'hypertrophie, les beaux-arts peu à peu s'abaissent jusqu'à n'être plus que des articles d'agrément.

A vrai dire, on ne saurait s'empêcher de noter les différences qui séparent ces dépravations contemporaines des débauches de certaines époques anciennes, comme l'époque impériale à Rome, qui, vues du dehors, paraissent lui ressembler. Aux âges anciens, ceux qui jouissaient ne travaillaient pas et ceux qui travaillaient ne jouissaient pas ; le plaisir de la classe qui jouissait supposait l'esclavage éternel de celle qui travaillait. Aujourd'hui ce n'est plus que l'état exceptionnel des héritiers riches. Ordinairement, ceux qui jouissent travaillent aussi, ou ont travaillé ; il existe un courant continu grâce auquel les différentes couches de la société se confondent en un éternel mouvement de haut en bas et de bas en haut ; la dépravation ne peut plus être si profonde, si constante ; des courants nouveaux remplacent bientôt les parties vicieuses ; grâce au travail intellectuel qui se poursuit sans cesse, la société se régénère continuellement. Qu'importe qu'à Londres, à Paris, à Vienne, à Budapest ou à Berlin quelques milliers de désœuvrés mènent une vie frivole et excentrique, qu'ils mènent grand tapage, comme s'ils étaient seuls au monde, que leur presse mène plus grand tapage encore autour d'eux ; qu'ils forment des cercles ayant leurs amusements à eux, leur littérature et leur art particuliers, par exemple ceux du demi-monde parisien ; que leur dépravation se répande et corrompe l'air dans lequel ils vivent... Ce ne sont que des bras morts du grand fleuve de la vie, qui se creuse lui-même son lit et avance suivant son rythme propre. C'est à côté d'eux, c'est sans eux que l'humanité accomplit ses grandes œuvres. Les sciences exactes progressent d'une marche continue, rapide et sûre ; des investigateurs, doués d'une force morale et intellectuelle inlassable, poussent sans cesse l'humanité vers de nouvelles découvertes. Si nous songeons à l'effort immense et assidu de nos chercheurs scientifiques dans leurs laboratoires, aux tâches de nos explorateurs dans des contrées inconnues, nous serons pénétrés d'un respect presque religieux pour ces champions désintéressés de la culture, nous admirerons sans réserve des hommes qui, par l'intelligence et le courage, sont souvent de véritables héros.

Il nous faut pourtant constater que, du moins pour le présent, ce grand travail de recherche et d'enseignement ne favorise pas l'art. Plus nous savons, plus nous voulons savoir ; notre horizon s'élargit, et ce sont surtout ses lointains qui nous attirent irrésistiblement. A peine avons-nous découvert un secret, que cette découverte même fait surgir une foule de nouveaux mystères, dont l'étude nous sollicite et nous provoque, sans que nous puissions nous dérober.

Nous ne disons rien ici du fait que le grand travail intellectuel a détruit l'ancienne et naïve conception du monde, sans pouvoir la remplacer par une autre qui soit harmonieuse et rassurante. Il est certain que cette lutte et ce combat des conceptions du monde, bien qu'ils aient fourni d'émouvants thèmes à l'art, ont tellement bouleversé les âmes qu'ils les ont, sous plus d'un rapport, détournées de l'art.

Ces conditions du travail scientifique réagissent encore en un autre sens sur la vie artistique. Aujourd'hui c'est plutôt la science que l'art qui attire les grands talents. Les découvertes inouïes et les entreprises énormes de la science détournent l'attention publique et gênent la prédisposition aux arts. Je ne prétends pas que la culture de la science nuise à celle de l'art ; elles s'accordent très bien ; mais la marche orageuse de la vie de la science, dont nous avons été témoins au XIXe siècle, a pour le présent presque tout supplanté dans l'esprit public.

Il y a cependant une chose qu'elle n'a pas pu supplanter, qu'elle a au contraire provoquée et ranimée : c'est la question sociale. Mais avec elle s'est révélé un facteur qui a encore plus sollicité l'esprit public et qui l'a encore plus détourné de l'art. Le nombre de choses à faire dans le domaine de la vie politique, sociale, économique, qui nous est échu en partage, semble énorme. La science attire les esprits contemplatifs, comme la politique, la vie économique et la réforme sociale attirent les esprits actifs. La Révolution française n'a point passé comme un orage, qui laisse après lui l'air pur et calme, et nettoie l'atmosphère. Elle a plutôt agi comme un tremblement de terre qui, certes, bouleverse les couches géologiques et les mêle, mais qui, à la surface, détruit les chemins, fait écrouler les édifices, tomber les barrières et les murs de séparation. C'est au XIXe siècle qu'il appartenait de déblayer les ruines,

de tracer des chemins nouveaux, et il nous a lé-
gué une large part de ce travail. Les batailles
livrées pour la libération des individualités nationales, pour l'affranchissement social et économique, ont rempli le siècle entier ; mais elles
sont loin d'être terminées, elles n'ont pas même
conduit à une trêve. La lutte, sur ces champs
de bataille modernes, est aujourd'hui plus achar-
née que jamais. Des forces, dont on ne saurait
calculer les effets lointains, ont requis toute l'attention des habitants du monde. Des conceptions
contraires se livrent bataille ; et les batailles
où il s'agit d'idées, sont plus longues que celles
qu'on se livre pour le pain et la terre. Elles
ont troublé profondément l'équilibre social, et
elles ne cesseront pas avant qu'un nouvel équilibre, durable, ne se soit établi. Jusque-là conti-
nuera la grande anxiété des âmes ; jusque-là con-
tinuera le règne tyrannique des intérêts. Et ces
intérêts, bien qu'ils puissent paraître, à certains
égards, former une manière d'idéal, ne sont point
favorables aux manifestations de l'imagination
artistique créatrice ; l'art ne saurait se plaire
aux terrains volcaniques, il ne peut fonder que
sur un sol stable.

A vrai dire, l'art est parfois tombé lui-même dans la mêlée de ces mouvements impétueux : tantôt timidement, tantôt courageusement, il a réclamé parfois sa part. Le théâtre intervient dans les batailles sociales, politiques et nationales ; la peinture et la sculpture sont prises dans le courant entraînant des idées nouvelles ; mais ce qu'elles gagnent en actualité, elles le perdent en caractère artistique, et les professions de foi qu'on récite, qui servent de thèmes à la peinture et à la sculpture, restent plutôt des déclamations que des œuvres d'art. S'il est vrai que l'art ne consent pas à rester étranger à l'esprit du temps, il est cependant plutôt l'interprète de la paix que le partisan de la guerre. Des intérêts ont engagé une lutte mortelle : en des temps pareils les Muses se cachent et ne sortent que rarement. Les meilleures poésies de Petöfi ne sont pas ses poésies révolutionnaires ; le *Toldi* d'Arany vaut mieux que *Les tsiganes de Nagyida*[1]. Comment ont-ils pu naître à leur époque ? De tels miracles se produisent

---

1. Petœfi (1823-1849) et Arany (1817-1882) sont les deux plus grands poètes hongrois. (Quelques-uns de leurs poèmes ont été traduits en français par F. E. Gauthier, Paris, Ollendorf, 1898). Les deux œuvres citées sont des poèmes épiques de Jean Arany.

quelquefois dans le domaine de l'art ; l'alouette
heureuse qui ne sait rien du massacre des hommes, chante même au-dessus des champs de bataille. Après la guerre franco-allemande, dans une
forêt près de Paris, des peintres parisiens renou-
vellent la peinture de paysage et Meunier trouve
dans la Belgique, remuée par les mouvements so-
cialistes, le moyen de fondre en un bronze éternel les attitudes de travail de l'ouvrier. Mais, en
somme, notre époque ne saurait se vouer entièrement à l'art ; ses soucis sont trop pesants et ses
luttes trop dures. Il écoute le poète d'une oreille
distraite et il n'examine que d'un regard rapide
les créations de l'art plastique.

Nous nous expliquons mieux maintenant que
l'art de ce siècle ait été livré à la plus complète
anarchie. Le public n'éprouve point cet intérêt
intense qui, pour l'artiste, détermine souvent une
direction esthétique. Ce siècle est né dans le
sang et son chemin est marqué de traces sanglan-
tes. Les révolutions succèdent aux guerres; dès le
milieu du siècle, la société commence à être agitée par les convulsions des forces venues d'en bas.
Jamais, depuis la Réforme, les classes dirigeantes
n'avaient été mêlées de si près à ces agitations.

Et les moindres tressaillements des couches inférieures sont transmis à toutes les autres. Quelles grandes préoccupations, quelles luttes profondes s'emparent des âmes les meilleures ! Mais ces préoccupations et ces luttes les détournent de l'art.

Encore n'ai-je pas épuisé, avec ce qui précède, les soucis de notre époque. Le XIX⁰ siècle avait encore à fonder les sciences morales. La philosophie de l'histoire est sa création : l'histoire, jusque-là, n'avait guère été qu'une chronique. L'histoire de l'art, de la littérature, de la religion et du droit, c'est-à-dire l'histoire de toutes les manifestations de la vie intellectuelle, sociale et politique, ne constitue de nos jours qu'une partie de la science historique. Le fond même de cette science, la psychologie de l'individu et des peuples, forme l'objet de sciences nouvelles dont nous ne trouvons guère de traces aux époques antérieures. La plupart de ces sciences ont été utilisées dans les luttes que nous venons de décrire ; on y a trouvé des armes, et des buts à atteindre.

En somme, le plus dur combat du XIX⁰ siècle a eu pour cause l'effort fait pour trouver une nouvelle conception du monde, et ce combat résume

et enferme tous ceux qui l'ont précédé. De même
qu'il ne possède pas d'art original, ce siècle n'a
pas non plus une conception arrêtée du monde ;
et le premier de ces faits se déduit probablement
du second. Or la nouvelle science, le nouvel ordre
social, la nouvelle vie économique, semblent aller
dans une même direction: former une conception
du monde qui présente de l'unité et qui systématise
les forces vitales, tant que cette conception fera
défaut, il règnera dans les esprits une si grande
inquiétude que l'art demeurera inquiet, inachevé,
hésitant.

Et ceci nous amène au cœur même du sujet,
en nous révélant l'origine la plus profonde du
mal. Notre temps a vu la réalisation des plus
grandes choses dans le domaine de la science et
de l'action ; il a transmis à l'histoire des noms
brillants, de grands représentants des forces morales et intellectuelles. Y a-t-il des noms beaucoup plus grands que ceux de Kant, Schopenhauer,
Helmholtz, Gauss, Berthelot, Pasteur, Taine,
Darwin, Széchenyi, Kossuth, Deák, Bismarck ? Si
nous voulions énumérer les grands poètes et les
grands artistes, il est vrai que nous ne manquerions
pas de noms ; mais les œuvres de ces artistes, ni

par leur importance, ni par leur influence, n'arriveraient pas à se mesurer avec ceux que nous venons d'énumérer. Petœfi et Arany sont nos plus grands poètes, mais la place qu'ils occupent dans la littérature du monde n'est pas encore fixée ; depuis Gœthe, le siècle n'a pas eu de poète qui lui soit comparable ; parmi les peintres et les sculpteurs il n'y en a pas eu un seul qui ait pu s'élever très haut au-dessus des autres. C'est une constatation dont nous pouvons tirer des conséquences, en sens inverse, sur l'âme de l'époque et ses tendances.Mais le tableau des caractères de cette époque ne nous fait-il pas comprendre qu'on n'en peut pas attendre autre chose ? Je reconnais que l'art, comme toutes les autres formes de notre activité, est l'objet de notre intérêt de savant ; que même il est encore l'objet de nos aspirations, puisque le travail nous épuise et que l'art nous récrée ; mais ceux qui ne peuvent consacrer à l'art que leurs moments de fatigue, ne l'approchent pas d'assez près. Aussi devons-nous conclure que notre temps, à en juger par les caractères de son évolution, ne pouvait pas être une époque d'art florissant.

III

L'art pour l'art

Quel rôle joue l'art, dans cette vie moderne qui s'est livrée avec tant d'ardeur au travail pratique et à la science ? Avons-nous le droit d'être mécontents de la part qui lui a été faite ? Pouvons-nous espérer qu'un jour il en aura une plus digne de lui ? Devons-nous y aspirer ? Autant de questions difficiles à examiner rapidement, et dont nous ne pouvons cependant éluder l'analyse. C'est de la valeur accordée à l'art que dépend la question de l'éducation artistique. Nous devons connaître la place que nous sommes prêts à lui assigner, pour pouvoir déterminer le sens et l'importance de notre effort.

Nous nous trouvons, sur cette question, en face de deux opinions extrêmes. Le romantisme, au début du XIXe siècle, a mis le monde du beau au-dessus de tous les autres. C'est là qu'il voyait

"

l'expression la plus caractéristique de l'énigme universelle, c'est là que se manifestait le mieux l'œuvre de l'esprit créateur. De tous les hommes l'artiste était le plus proche de la divinité, lui seul savait véritablement créer. On trouvera ces idées exprimées en un langage magnifique dans la *Défense de la poésie* du poète Shelley. Mais Kant lui-même, philosophe critique, affirme qu'il n'y a de génies que dans le domaine de l'art, que le génie scientifique n'existe pas. De là date le culte des génies artistes et, plus généralement, cette religion des grands hommes dont les expressions les plus saisissantes furent *Heroes and heroworship* de Carlyle, et *Representative men* d'Emerson. Schopenhauer enseigne, de la même manière, que l'artiste voit l'essence même du monde, bien plus, que la musique exprime cette essence du monde sans intermédiaire. Puis Wagner, s'appropriant l'enseignement de Schopenhauer répand largement cette idée. Nietzsche qui, plus tard, attaqua si violemment Wagner, commence par faire de lui son idole ; et son Surhomme descend en droite ligne de Schopenhauer ; et celui-ci a pour ancêtre intellectuel non seulement Kant, mais Frédéric Schlegel qui, dans

le génie, adore plutôt l'arbitraire, la liberté absolue. C'est seulement par l'art que l'homme est
véritablement homme. L'art le met au-dessus de
toutes les lois, puisque c'est l'art qui donne des
lois à tout.

C'est l'origine du principe de *l'art pour l'art*.
Le monde de l'art constitue un monde particulier
dans lequel tout n'existe que pour soi et où rien
ne sert à une fin extérieure. Comme on a mal
compris ce qu'il y a de vrai dans cette formule !
quel mensonge on y a introduit furtivement sous
le couvert de la vérité ! quelle lutte imprudente
que celle qu'on a engagée contre elle ! Toute chose
au monde, pour être bien faite, doit être faite pour
elle-même. Nous recherchons et annonçons la vérité, parce qu'elle est vraie ; si déraisonnablement
que sonne la sentence : *fiat justitia et pereat mun-
dus* (puisque, enfin, la vérité ne peut qu'assurer
l'existence du monde), elle nous fait battre le
cœur ; l'artiste le plus paisible du *quattrocento* a
peint sa madone comme il l'a fait, parce que c'est
ainsi qu'il l'avait trouvée belle. Il n'a point cherché à la faire rentrer dans une conception générale de l'ordre du monde. Et pourtant, lorsque
nous faisons les choses simplement pour elles-

mêmes, nous avons conscience de servir l'harmonie universelle.

A l'autre extrême, les gens qui, de la science, de l'art et de la morale, en un mot de tout, veulent aussitôt et immédiatement tirer un profit, sont des gens qui prétendent ordonner le monde à la façon des petits pédagogues et cependant sont loin de l'avoir créé et d'en comprendre la cohérence. Ils font tout comme s'ils avaient affaire à une machine dont chaque partie aurait été construite par eux ! Mais le mécanicien lui-même ne peut diriger les forces de la nature que s'il les connaît. Or ceux-là, connaissent-ils bien les lois des forces de l'esprit humain ? Ces théoriciens sont les esprits les plus bornés, et ils le démontrent, quand ils osent demander qu'on leur confie la direction des choses humaines.

Cependant, les partisans de l'art pour l'art qui réussirent à faire en grand un essai d'application de leurs principes, y échouèrent lamentablement. Je pense ici à la théorie et à la pratique artistiques des esthètes anglais. Comme les romantiques allemands, les esthètes anglais trouvent toutes les valeurs véritables dans une conception particulière de la vie, d'après laquelle ils dirigent leur propre vie, qu'ils veulent, avec la sensibilité du mimosa, garder des atteintes brutales de la réalité et raffiner à l'extrême. Il ne vaut la peine de vivre que pour le beau ! Il est vrai que cette conception ne dépasse pas le cénacle étroit des artistes et des amis de l'art, qui n'ont rien à faire au monde et qui, par suite, sont étrangers à la vie réelle et active, dont les sentiments s'étiolent et produisent un art exsangue, lequel, à la fin, périt ou devient le vain jeu de quelques-uns. D'après eux, il y aurait des philistins et, d'autre part, des hommes qui sont comme placés dans des loges d'où ils regardent l'humanité se débattre ; si même ils regardent ! Car, enfin, à quoi bon toute cette lutte ? La vie n'est bonne qu'à fournir des sensations choisies, subtiles et raffinées à ce groupe de favorisés devenus sensibles à de telles impressions. On atteint ainsi l'autre extrême, l'art qui ne signifie plus qu'amusement, plaisir ; toute la différence consiste en ce que là les plaisirs sont éthérés, aériens, ici, au contraire, grossiers et lourds ; et les effets aussi sont semblables : là un art exsangue, ici un art trop robuste, trop sensuel et qui aime à se rouler dans la boue. La vérité est (nous y reviendrons encore) que l'art n'est pas la vie, que son culte, à lui seul, ne saurait compenser ou remplacer le travail de la vie. Nous mettons à part, cela va de soi, les artistes créateurs, qui sont des ouvriers au même titre que nous. Mais nous devons insister sur le mauvais service que rend à l'art celui qui, parce qu'il se sent de grandes dispositions et un grand amour pour l'art, en fait une idole et brûle sur son autel les autres valeurs de la vie. L'art n'est ni science, ni philosophie, ni connaissance du monde, quoiqu'il ne se sépare pas de la pensée ; l'art n'est pas la morale, bien qu'il ne soit pas si loin de la morale que le croient certains artistes ; il n'est pas non plus l'excitation, le coup de fouet du plaisir sensuel ou du vain amusement et de la vaine jouissance ; car tôt ou tard ce chemin le conduit, avec son public, au ruisseau. C'est d'une autre manière qu'il faut comprendre sa place, son importance et son rôle.

LE SENTIMENT, SOURCE DE L'ART

Pouvons-nous espérer aboutir à une conclusion par la méditation sur des idées générales ? Cette conclusion, l'histoire de l'art ne nous fournit point les moyens d'y parvenir. Elle nous apprend les transformations de l'œuvre d'art, elle recherche les causes et les lois de ces changements. Quant à rechercher ce que signifiait chaque forme de l'art, à l'époque où elle s'est manifestée, c'est là une étude qui relève plutôt de l'histoire de la civilisation. Or celle-ci est une science moins parfaite encore que l'histoire de l'art qui, elle-même, a besoin de puiser ses principes généraux dans la psychologie et dans la théorie esthétique. Nous devrons, nous aussi, suivre ce même chemin. Nous ne pourrons éclaircir les lois qui définissent la valeur de l'art sans tenter de nous former d'abord une idée de ses sources et de son essence. Certes, il ne peut être question ici d'examiner la question dans tous ses détails ; mais nous pouvons au moins donner les résultats de quelques recherches et, si nous avons acquis quelques idées générales, leur application fera voir si elles sont fécondes ou non.

On peut dire qu'à la base même de l'art se trouve le sentiment. Nous ne pourrons cependant en rendre un compte exact sans entrer dans quelques développements psychologiques : il nous faudra décrire et analyser le phénomène général du sentiment, le séparer de la pensée et de la volonté, avec lesquelles, dans la réalité psychologique, il est uni de la manière la plus étroite et sous les formes les plus variées.

PENSÉE ET VOLONTÉ

La distinction de la pensée et de la volonté est ancienne en psychologie. Et cependant ni de l'une ni de l'autre nous ne pouvons donner de véritable définition ; car elles forment deux extrêmes de la vie psychique dont nous avons conscience lorsque nous sommes arrivés à la connaissance de nous-mêmes, mais que nous ne saurions, ni décomposer en parties plus simples, ni réduire à d'autres phénomènes. Toutes les définitions prendront donc plus ou moins franchement cette forme : penser c'est penser, vouloir c'est vouloir. Et si l'on demande quelle différence sépare l'un de l'autre, l'essentiel de la réponse, dépouillée de tous accessoires, restera toujours ceci, que penser est autre chose que vouloir. C'est comme si l'on disait : le bleu n'est pas rouge et le rouge n'est pas bleu.

Tout au plus, pour ceux qui n'ont pas l'expérience de cette sorte de réflexions, pourrions-nous ajouter ceci : quand je pense, je me représente toujours quelque *objet* ; bruit (je l'entends), blanc (je le vois), il y eut une grande pluie (je m'en souviens), triangle (je le compose). Toute pensée consiste, pour moi, à me représenter quelque chose, et corrélativement à la distinguer de moi. Toutes mes pensées auront pour forme : Moi et l'objet. A vrai dire, nous élargissons un peu la signification courante du mot : *pensée*. Mais quand je vois, quand j'entends quelque chose, j'ai déjà une pensée, disons, une pensée sensible. D'autres pensées seront plus abstraites, par exemple quand je me rappellerai quelque chose, quand je combinerai quelque chose, etc. Tout homme doué de sens normaux sait voir ou entendre. Penser abstraitement est déjà plus difficile, parce que les combinaisons sont parfois très compliquées (par exemple celles qui conduisent à la solution d'un problème de mathématiques).

Il est difficile de décrire la volonté, même de cette façon approximative. Ici encore je me trouve en présence d'un objet ; mais je ne me borne pas à le reconnaître (le voir, l'entendre, m'en souvenir, etc.), je vais plus loin, *je le veux*, ou *je ne le veux pas*, c'est-à-dire que je le saisis ou le repousse, en réalité ou au figuré. Vous me répondrez que tout cela n'explique rien. Mais ce n'est pas l'acte même de saisir ou de repousser qui constitue la volonté, c'est ce qui le précède, ce dont l'acte de saisir ou de repousser est seulement l'effet. Prenons des exemples. Je veux ce plat. Je veux écrire. Je veux être seul. Je veux gagner de l'argent. Si je compare soigneusement ces exemples, il s'ensuit que d'abord je vois, je sens ou je m'imagine le plat, puis je le *veux*, après quoi je me le procure, je le *saisis*. Après avoir réfléchi plus profondément sur ce phénomène, je trouverai que l'idée qui joue ici son rôle, est en partie en dehors du domaine de la recherche psychologique ; elle est l'idée du *besoin*. Dans tous ces cas, mon organisme a des besoins auxquels je dois satisfaire pour qu'il puisse subsister, qu'il ne s'endommage pas, qu'il puisse se développer. Ces besoins peuvent être immédiats, primitifs (par exemple je veux manger) ou des besoins plus compliqués, plus développés, plus lointains (par exemple je veux de l'argent, écrire). Je m'aperçois encore que, dans certains cas, les besoins immédiats peuvent se présenter avant la

pensée elle-même (l'enfant aussi a faim, soif, etc.);
l'enfant ne connaît pas ses besoins, il faut les deviner, cependant ils sont très vifs. Il faut satisfaire
ces besoins par quelque action qui suit quelquefois automatiquement (l'enfant qui tète) ; dans ces
cas, on ne parle pas de volonté. Mais cela ne change
pas beaucoup le procédé. La volonté, c'est la volonté de satisfaire quelque besoin. Ou bien, si l'on
aime mieux vouloir, c'est mettre en train et d'une
manière psychologique, l'action qui sert à le satisfaire. Cela n'est pas non plus une définition,
mais une périphrase ; encore peut-on y faire des
objections, mais elle suffit à notre but.

LE SENTIMENT

De temps à autre, il est vrai, a surgi dans la littérature philosophique l'intention de distinguer,
en dehors de la pensée et de la volonté, une nouvelle sorte de phénomènes psychologiques, mais
cette classification ne se fixa nettement que vers
le milieu du xviiie siècle et c'est Kant qui l'a con-
sacrée. Le sentiment n'est pas non plus susceptible de définition ; néanmoins on peut indiquer, et
d'une façon plus précise encore que pour la pen-

sée et la volonté, sa nature spéciale. En effet, pendant que, dans la pensée, j'insiste sur l'objet auquel je pense, comme dans la volonté sur le besoin que je dois satisfaire, dans le sentiment j'ai conscience de mon propre état, je sens que, pendant que je pense ou que je veux, je me porte bien ou mal. C'est une vérité ancienne de la psychologie que, quelle que soit la chose que je fasse ou qui m'occupe, j'ai toujours conscience de mon propre état, je sens s'il est bon ou mauvais ; quelquefois ce sentiment du moi est fort, parfois il s'affaiblit — et dans ce dernier cas mon état est indifférent — mais la plus profonde indifférence est encore une variété du sentiment du moi. Mon sentiment du moi est comme le pendule qui dans sa course passe aussi au point zéro ; et, si l'on me permet une figure mathématique, ce sentiment, en passant de $+\,1$ à $-\,1$, c'est-à-dire du plus grand plaisir à la douleur la plus vive, peut recevoir toutes les valeurs.

Ainsi ce sentiment du moi est en rapport avec la pensée et la volonté ; il n'est ni l'un ni l'autre cependant, mais il est leur compagnon inséparable. Encore cette expression n'est-elle pas assez précise. Je sens mon moi pendant que je pense ou que je veux, mais le sentiment n'accompagne pas la pensée comme quelque chose de différent; disons plutôt que, quand je suis dans un état pensant l'un des aspects de cet état, l'aspect subjectif est : *cela me fait du bien ou du mal*, l'autre, l'aspect objectif est *ce que je pense*. La vue de couleurs harmonisées, c'est, sous l'aspect pensée : la perception d'ensemble des deux couleurs, et, sous l'aspect sentiment, quelque chose qui me fait du plaisir. Ce sont deux faces d'un même phénomène. De même pour l'action. Quand j'éprouve un besoin ou quand je le satisfais, il s'y trouve toujours de la pensée et de la volonté, mais il s'y trouve en plus le « cela me fait du bien ou du mal », c'est-à-dire le sentiment.

Partant de ce principe, on peut classer tous les sentiments en deux groupes : ceux qui appartiennent à la pensée et ceux qui appartiennent à la volonté. A ce dernier groupe nous ajouterons ceux qui sont en rapport avec l'action, ou, plus généralement, avec l'état du corps. C'est ainsi que se trouve résolue d'un coup la question tant débattue de la classification des sentiments : il y a des sentiments de *pensée* et de *volonté* (action ou état).

Nous ne pouvons pas mieux développer ce su-

jet ici ; peut-être n'est-ce pas même nécessaire ;
mais il nous fallait dire ce que nous avons dit et
il nous faut encore le compléter par quelques re-
marques. Comme je ne comprends pas la volonté
sans emprunter à la biologie, pour me venir en
aide, l'idée du besoin organique, de même je ne
comprends pas le sentiment, si je ne sais pas que
la qualité principale de l'organisme est *qu'il veut
subsister*. Il veut subsister, c'est-à-dire il s'efforce
de vivre, de se développer et de conserver son
espèce. Ce qui favorise cette tendance, je l'appelle
favorable à la conservation, et son contraire, défa-
vorable à la conservation. A l'origine, le sentiment
n'est autre chose que le signe de ce qui est favorable à la conservation. Quand je fais quelque
chose qui favorise ma conservation (laquelle comprend mon propre développement et le maintien
de mon espèce), j'en éprouve de la satisfaction ;
le contraire fait naître en moi un sentiment désagréable ou me laisse indifférent. Je veux penser ;
ici encore le sentiment me signale si c'est conformément ou contrairement à ma conservation. Ainsi,
dans le sentiment, mon intégrité physique et
psychique arrive à la connaissance de soi-même.
Si le nuisible nous est quelquefois agréable et

l'utile désagréable, ce n'est que l'effet de la complexité de notre être et cela ne contredit pas la thèse principale. Mais ce n'est pas le lieu de développer ce point. De tout cela résulte assez clairement le caractère fondamental du sentiment et surtout combien il est fondamental pour le *moi*. Dans le sentiment, je me sens moi-même, je sens mon bien-être, mon être intérieur. Dans la pensée je m'abandonne à l'objet ; dans la volonté, je règne sur lui, j'en dispose, je l'emploie à mon profit. C'est l'objet qui est au premier plan dans ces deux cas. Dans le sentiment, au contraire, je reviens sur moi-même, je sens la valeur de mon état, je suis tout à fait *moi*. Ainsi, le sentiment est le centre de mon être, il mesure la valeur de mon état, il est mon bonheur ou mon malheur.

L'OBJECTIVATION DU SENTIMENT

Un trait fort intéressant isole ou, tout au moins, distingue le sentiment des autres phénomènes psychologiques ; c'est que, ordinairement, le sentiment particulier du moi qui accompagne les faits de pensée ou de volonté ne m'apparaît pas comme le sentiment du moi, mais comme une qualité objective de la pensée ou de la volonté. En d'autres termes, j'*objective* le sentiment. C'est ainsi que je ne dis pas : « il me plaît d'entendre cette voix », mais cette voix *est* jolie. Je dis d'une chose qu'elle est belle, laide, sublime, comme je dis qu'elle est blanche, carrée, etc., et pourtant dans le second cas, il s'agit de ses qualités objectives et, dans le premier, de mon propre sentiment que j'objective. Et, de même, objectivant des sentiments je dirai de telle action qu'elle est noble, ignoble, bonne ou mauvaise, etc. Bon, mauvais, beau, laid expriment des valeurs, et des valeurs d'où dépend ma propre conservation. Tout ce qui la favorise, toutes les actions ou pensées qui tendent à conserver, rehausser ou développer mon être, me sera par cela même précieux. La notion de valeur semble disparaître dès qu'on en supprime cet intérêt de conservation; elle ne peut être que subjective. Au reste, il suffit, pour s'en rendre compte, d'examiner le langage que nous employons. Nous disons presque indifféremment : « ceci est beau », ou « ceci me plaît »; « cela est de mon goût » ou « cela est bon ».

Bien mieux, lorsque le sentiment est très intense, lorsque le souci de la conservation passe au premier plan dans un moment critique, ou que pour une cause quelconque, la pensée ou la volonté restent à l'arrière-plan de la conscience, je ne vais même plus jusqu'à objectiver mon sentiment. Si j'éprouve une douleur vive, je ne me soucie plus des particularités objectives du sentiment ou de la pensée qui lui correspondent, je sens seulement le trouble profond de mon état : je suis hors de moi, je suis abattu, j'ai peur. Ou bien, à l'autre extrême, je me réjouis, je pousse des cris de joie, je suis en extase. La beauté est un sentiment objectivé, mais dans l'amour je suis aveugle et sourd, c'est-à-dire que je sens avant tout ma propre exaltation. Si mon âme se trouve dans une disposition triste, c'est moi-même que je sens, bien plutôt que la cause de ma tristesse, dont souvent je puis à peine me rendre compte. Et il en est de même des autres dispositions de l'âme.

Entre ces cas extrêmes, du sentiment subjectif et du sentiment objectivé, il y a des étapes intermédiaires qui nous permettent de vérifier ce passage d'un sentiment à l'autre dont nous venons de parler. Je suis de bonne humeur, je me sens l'âme légère, mais en même temps c'est comme si le soleil commençait à briller, le monde est

beau, tout resplendit; mon âme est-elle déprimée,
au contraire, que tout devient blafard et triste.
C'est mon âme à elle seule qui embellit le monde,
qui y jette ou en retire le rayon de la beauté.

Tout ce que nous avons dit de la pensée est
plus vrai encore de l'action. L'action, considérée
en elle-même, n'est, en effet, autre chose que l'effet dynamique d'un certain mouvement. Elle ne
peut recevoir de valeur que de moi-même. Et,
cependant, je dis, objectivement : le monde est
beau, cette action est bonne.

Telle est l'objectivation. Et nous arrivons ainsi
au premier point d'arrêt dans notre analyse. Voici
donc où nous sommes parvenus : Le monde du
beau et du bon naît des sentiments. Des « sentiments de pensée » naît le beau, des « sentiments
de volonté » naît le bon. Nous appelons les premiers sentiments esthétiques, et les seconds sentiments éthiques, au sens large du mot. L'art naît
des sentiments esthétiques ou « sentiments de
pensée ».

« Mais une telle conception, nous objectera-t-on peut-être, fait du sentiment du beau ou du
bon un sentiment entièrement subjectif, et même
égoïste. Ce qui favorise ma conservation, c'est-à-

dire ce qui est utile, sera bon ou beau. Et ceci nous mène à l'utilitarisme pur, à l'égoïsme le plus froid. Ces grands principes sont désormais livrés à l'arbitraire de l'impression agréable ou favorable. »

On peut entendre les choses ainsi, et certains ne s'en font point faute. Tels les hommes « charitables » qui font l'aumône pour rendre leur digestion plus facile, ou ces collectionneurs qui veulent pour leurs murs une décoration « riche ». Mais ce ne sont là que des caricatures de la vérité. Pourquoi, en elle-même, la conservation de soi serait-elle regardée comme un principe insuffisant ou condamnable ? Est-il un souci plus élevé que celui de maintenir la vie, de l'augmenter, de la développer ou l'ennoblir ? Tout ce qui conduit à cette fin est beau et bon. Et quel titre de noblesse plus magnifique pourrait-on trouver pour le beau et le bien ? C'est l'humanité elle-même qui y appose sa signature. Dira-t-on qu'une théorie de ce genre nous conduit au subjectivisme et à l'arbitraire ? Elle ne mène pas au subjectivisme, puisqu'elle considère non pas l'individu, mais l'homme en général ; elle ne mène pas à l'arbitraire, puisque nous restons soumis aux grandes lois qui régissent la nature humaine. Et ces lois sont aussi universelles et constantes que les autres quelles qu'elles soient. Sans l'œil, il n'y aurait pas de couleurs ; sans le sentiment il n'y aurait pas de bonté ni de beauté. C'est ainsi que le beau et le bien reposent sur les plus sûres assises, au plus profond de nous, sur les lois mêmes de l'âme humaine. La preuve en est que nous les objectivons et que, les séparant, pour ainsi dire, de nous, nous réclamons pour eux une valeur absolue et générale.

LA NAISSANCE DE L'ART

Le monde de l'art est le dépositaire de ces forces, qui tendent à conserver et à développer notre être. Il nous apparaît comme un monde prodigieux, infiniment variable, nous offrant, au cours de sa vie plusieurs fois millénaire, la plus incroyable multiplicité de formes et de directions. L'esprit ne saurait l'embrasser tout entier. Enferme-t-il une unité, une harmonie ? Un ordre et des lois ont-ils présidé à son développement ? Comment l'art est-il né ? Comment a-t-il pu acquérir cette force merveilleuse avec laquelle il agit maintenant sur nous ? A quelles qualités doit-il de l'avoir acquise ? Nous ne nous occuperons ici que des principes, sans entrer dans des détails qui seraient infinis. Une multitude de théories répondent à ces questions, et à d'autres qui leur sont liées. Le monde de l'art est devant nos yeux comme un mystère immense ; monde énigmatique qu'éclaire la pleine lumière du soleil et qui pourtant reste à la fin, malgré toutes nos explications, quelque chose encore d'énigmatique !

LA NAISSANCE DE L'ART. LA TECHNIQUE

Débarrassons tout d'abord notre chemin d'une erreur toujours prête à se répandre et fréquente. S'il est vrai que l'art pleinement développé cherche le beau, ce n'est point cependant la recherche du beau qui explique l'origine de l'art. L'art, en effet, n'a pu naître d'une source unique, mais l'homme l'a trouvé, partie en satisfaisant à ses besoins, partie en exprimant ses sentiments, ses émotions. Nous avons suffisamment démontré le premier point. Ce n'est pas un *beau* toit que l'homme a d'abord cherché et qu'il s'est construit, mais un toit, tout simplement, et surtout un toit qui le mît à l'abri. Il ne devait s'inquiéter de sa beauté que longtemps après, au cours de ses essais successifs. Et il dut en être de même pour tous les objets à son usage, les armes, les habits, les outils. Au reste, l'art tire sa force vitale de son caractère pratique, et l'une de ses racines les plus profondes s'est certainement fixée dans la *technique*. Les prédécesseurs de l'artiste sont les artisans et, maintenant encore, l'artiste doit rester artisan. Le rapport qui les lie l'un à l'autre est un rapport nécessaire, nous ne devons ni le juger faible ni en avoir honte. Car la science est née elle aussi de la satisfaction des besoins vitaux : c'est pour pouvoir mieux et plus sûrement contenter les désirs, qu'il nous a fallu connaître la réalité dans son infini détail. De même, le sentiment artistique s'est greffé sur le tronc plus grossier du métier, pour lui faire produire le fruit noble et délicieux du beau.

D'autre part la technique elle-même réagit sur l'artisan qui l'emploie. L'important pour l'homme, c'est l'action ; c'est pour l'action qu'il existe, c'est dans l'action qu'il manifeste son moi, et qu'il en devient conscient. La persuasion que je sais faire, que j'ai fait ou que je puis mieux faire quelque chose, agit sur le développement de ma personnalité en me faisant connaître ce que je vaux ; elle fait de moi un individu, et c'est là une condition importante de la création artistique.

Enfin, il y a encore un chemin qui conduit tout droit du métier à l'art. L'artiste, à mesure qu'il se développe, fait œuvre de plus en plus *pratique*, et le caractère pratique n'est autre chose que le signe de la spiritualisation, de la réalisation parfaite de l'œuvre. Il montre que l'œuvre n'a rien de superflu, mais qu'il ne lui manque rien de nécessaire, qu'elle constitue une harmonie complète, externe et interne. Et c'est déjà de la beauté. C'est ainsi que le caractère d'adaptation pratique de l'œuvre, l'utilité du bâtiment, de l'outil, etc., sont elles-mêmes des sources de sentiment esthétique, auxquelles se relient facilement d'autres sortes de beauté.

L'EXPRESSION DU SENTIMENT

La deuxième circonstance déterminante de la naissance de l'art est le besoin d'exprimer ses sentiments, ses émotions. Encore faut-il expliquer ici ce que nous devons entendre par *expri-*

mer. Nous trouvons à la base de presque tous les états de conscience, l'action, le mouvement, qui les accompagne, les complète, ou les amène à leur perfection. Nous sommes faits pour satisfaire à des besoins : au commencement tous les phénomènes psychologiques servent à ce but ; ils aboutissent donc à l'action, au mouvement. Besoin-sentiment, puis contemplation (ou représentation)-sentiment, enfin action-sentiment : voilà, avec toutes sortes de variations, la chaîne que forment presque toutes les expériences psychologiques. La liaison de cette chaîne ne dépend pas de notre réflexion, elle est fixée par la nécessité naturelle; notre organisme est ainsi disposé (et il s'est développé de façon à avoir cette disposition) et ce n'est que dans la suite de notre développement que, grâce à d'autres habitudes, nous sommes capables d'ôter un anneau de cette chaîne, ou de le remplacer par un autre. S'il a faim ou soif, l'enfant crie ; quand l'occasion se présente, il tète, il boit, il avale, etc. Quand l'homme primitif entend un bruit qui lui rappelle son ennemi, il écoute, c'est-à-dire qu'il fait certains mouvements corporels, il se penche en avant, il ride son front, il élargit ou contracte sa pupille, etc. Tous les phénomènes dits instinctifs ne sont que les mouvements qui, à la naissance de certains sentiments, se lient à eux et, ou bien échappent à la volonté, ou bien n'ont pu arriver sous sa puissance modificatrice que plus tard, grâce à un développement nouveau. En ressentant les émotions de la peur ou de la joie, l'homme primitif fait entendre des sons (il crie, pousse des cris de joie) ou il fait d'autres mouvements (il sautille, court), qui se distinguent des mouvements instinctifs en ce qu'ils n'ont pas — ou n'ont plus — d'autre but que d'exprimer cet état de conscience agréable ou désagréable. Peut-être le cri ou la course, à l'origine, eurent-ils une signification téléologique : ils tendaient à la conservation de l'être ; plus tard ils n'ont d'autre sens que de nous soulager ; l'effet et le but se confondent : nous crions, nous courons pour nous contenter.

Cette liaison nécessaire, nous l'appelons *expression*. Comme le mouvement nous permet de tirer des conséquences sur ce qui se passe dans notre âme, nous disons qu'il l'exprime. (Dans ce cas, comme dans beaucoup d'autres, il vaudrait mieux dire *signifie*, puisqu'il n'y a entre les deux phénomènes aucune ressemblance. De même la langue

n'est pas l'expression, mais le *signe* de la pensée et une langue est un système de signes.)
Parmi ces mouvements expressifs nous trouvons les pleurs, le rire, toutes sortes de mouvements vocaux, des mouvements des mains,
des pieds, de la tête, des yeux, du front, etc. Ils
forment le fond du discours, du chant, de la danse,
de la mimique, etc. Ces mouvements, on ne peut
les inhiber sans un acte particulier de volonté
ou sans une longue habitude. L'homme primitif
crie lorsqu'il ressent de la douleur, parle quand
quelque chose lui vient à l'esprit, il saute, court,
danse, gesticule, et tout cela lui plaît et le sou-
lage (quand nous avons de la peine, pleurer nous
« fait du bien », quand nous avons un secret qui
nous « pèse », nous nous en « déchargerons »,
etc.); au contraire, s'il est obligé de réprimer ces
mouvements, il se sent gêné, il éprouve une tension qui le rend inquiet.

Cependant nous pouvons acquérir des joies nouvelles, différentes de l'explosion proprement dite
des sentiments ou des émotions. Les mouvements
qui manifestent ce que notre âme éprouve n'ont
pas tous la même valeur. Par exemple, les mouvements trop vifs qui nous fatiguent et nous épui-

sent, vont à l'encontre de notre conservation. L'homme primitif découvre peu à peu ceux qui sont en accord avec sa nature, lui sont favorables et le soulagent. Alors, au soulagement qu'on ressent à manifester par l'action ce qu'on a éprouvé dans l'âme, s'ajoute une joie nouvelle : il nous plaît aussi que notre action soit favorable à la conservation. Sauter est un soulagement ; mais danser est plus que cela, c'est un plaisir que fait naître en nous la nature rythmique des mouvements. La manifestation du sentiment prend ici un caractère artistique. De plus, nous pouvons appliquer ici encore ce que nous disions en parlant du métier ; comme le mouvement rythmique de la danse représente une certaine perfection réfléchie, il exalte en nous le sentiment de la personnalité. A mon avis, la danse rythmique est l'art le plus ancien, auquel succédèrent le discours et le chant rythmiques. On ne saurait, en effet, les déduire uniquement du sentiment sexuel, à moins qu'on n'arrive à prouver que ce fut là le seul mobile de l'homme primitif. Mais nous ne pouvons pénétrer très avant dans le nuit de l'antique évolution ; chez les peuples restés primitifs, nous trouvons encore aujourd'hui toutes sortes de danses : à côté des danses d'amour, des danses guerrières, religieuses. Déjà le roi David dansait devant l'arche d'alliance. Et le rythme du travail a été mis en lumière par Bücher dans son beau livre : *Arbeit und Rythmus.*

Nous pouvons, en passant, jeter un coup d'œil sur d'autres moments importants de l'art en formation, notamment sur sa signification sociale : ceux qui entendent le chant, le discours rythmiques, qui regardent le mouvemeut rythmique, éprouvent un plaisir qui ressemble à celui des gens qui agissent. Pourquoi ? Comment se peut-il que le plaisir que d'autres éprouvent par leurs propres actions, fasse aussi le nôtre ? Je n'y vois pas d'autre cause que celle-ci : le spectateur répète doucement ce qu'il a vu et entendu et ainsi naît en lui silencieusement un plaisir analogue. Et il n'y a qu'un pas de là à l'imitation de ce qu'on a entendu et vu. En outre, grâce à la disposition de temps du rythme, il est possible que plusieurs ensemble puissent faire le même mouvement rythmique ; l'effet en est que la joie des autres se répercute en chacun et augmente la sienne. Un haut degré d'émotion est nécessaire pour que nous sautillions, dansions et chantions seuls ; mais en le

faisant avec d'autres, l'homme morose même s'égaie
et se sent entraîné sans le vouloir. Le danseur a
le don d'augmenter sa joie, de s'animer et de s'eni-
vrer de soi-même. Le chant d'une communauté
religieuse augmente la dévotion de chacun de ses
membres, non seulement en augmentant les effets
dynamiques, mais aussi par la réaction exercée
sur le sentiment des autres.

LA TECHNIQUE ET L'ART

Si nous revenons maintenant à la technique,
nous comprendrons mieux tout ce que signifie
cette phrase que l'artisan, au cours de son travail,
a *rencontré* le beau et qu'alors, d'artisan, il est devenu artiste. C'est le point de vue que nous avons
déjà brièvement indiqué. L'adaptation pratique
de l'instrument, de l'arme, du toit est déjà elle-
même un élément esthétique. Le plaisir que me
fait éprouver un objet pratique n'est pas seulement
pratique ; il est aussi intellectuel. Un objet pratique possède cette unité supérieure que réalise
la subordination parfaite des parties à la desti-
nation générale du tout : chacune des parties
concourt à l'ensemble et aucune d'elles n'est su-

perflue. L'intelligence se plaît à contempler un tel objet. C'est là un de ces plaisirs logiques dont, il y a quelques années, j'ai signalé presque timidement la valeur esthétique — (s'il est permis, dans l'art si souple, de parler de logique *rigide*)— aujourd'hui, je vois que les esthéticiens récents insistent fortement sur cet élément logique de l'art.

Mais ce plaisir logique n'est qu'un moment du sentiment artistique. Il y en a nombre d'autres. C'est ainsi que la matière même dont l'œuvre est faite peut nous procurer toutes sortes de plaisirs, comme le plaisir esthétique du toucher. Nous en pouvons trouver plus encore aux couleurs, aux jeux de la lumière et de l'ombre. Encore tous ces plaisirs sont-ils inférieurs, en intensité et en variété, à ceux que nous procure la forme. Matière, couleur, effets de lumière restent rarement purs, et disparaissent vite à l'usage ; ce qui charme plutôt l'homme primitif, ce sont moins les facteurs principaux de l'effet que ses éléments constants : et c'est ainsi que rien, au point de vue de l'effet esthétique, ne saurait compenser une forme maladroite ; tandis que la seule beauté de la forme arrive à faire oublier le défaut des autres conditions. Tôt au tard, l'artisan saura découvrir la force expressive et la beauté de la ligne, le charme des surfaces bien formées, et cette loi, qui diffère de l'unité de l'adaptation pratique, cette loi de la liaison des parties, qui les coordonne de manière à produire l'unité de sentiment, l'*unité de style*. A l'élément d'utilité pratique vient s'ajouter l'élément décoratif, d'abord simple enjolivure qui, plus tard, se rattache au premier élément par des liens internes. C'est ainsi que dans le travail de l'artisan vient s'introduire peu à peu l'immense variété des sentiments intellectuels, qui le rapprochent de plus en plus de la création artistique. La séparation devient peu à peu incertaine. Du vase à boire primitif, une transition insensible nous conduit jusqu'au vase artistique qui est, lui aussi, pétri de glaise, mais dont le galbe recèle et exprime mille finesses exquises du sentiment esthétique.

L'IMITATION

Mais nous trouvons encore dans l'âme une source occasionnelle de l'art : *l'imitation*. Nous en avons déjà parlé en mentionnant les arts du rythme. C'est une vérité fondamentale de la vie psychologique que les images des mouvements peuvent susciter, sans autre intermédiaire, sans aucun acte de volonté, le mouvement lui-même. L'image du mouvement étant donnée, le mouvement peut en résulter avec une nécessité mécanique. C'est de là que vient l'identité des gestes dans certaines familles, la tendance spontanée et inconsciente des enfants à imiter les grandes personnes et tant d'autres phénomènes que nous passerons, puisqu'il n'est pas nécessaire de chercher ici des exemples justificatifs de mouvements imitatifs. Il va de soi que la nécessité mécanique de l'imitation diminue ou cesse tout à fait dans notre développement ultérieur, que nous pouvons arrêter ce penchant ou y satisfaire consciemment; mais il est évident que, dans l'organisme, il y a entre les images psychologiques et les innervations motrices correspondantes un lien qui rend très facile l'acquisition des mouvements ordinaires. La cantatrice se sent plus sûre de son art, quand elle vient d'entendre chanter; le spectacle des gymnastes nous rend plus agiles, etc. Il est certain que l'origine de la sculpture et de la peinture peut être ramenée à ce penchant à l'imitation. L'image que nous avons formée dans notre âme d'une certaine chose dont nous avons tracé les contours dans notre imagination, dégagera tôt ou tard les innervations nécessaires au dessin, à la reproduction d'une image pareille. La chose n'aura pas de but pratique, bien que, plus tard, elle en doive acquérir un dans le culte des dieux et des héros. Elle ne peut donc tirer son origine du métier seul, bien que celui-ci contribue à sa naissance, en rendant la main habile et en créant les conditions préalables de la reproduction. On ne saurait non plus, nous l'avons vu, chercher cette origine dans l'expression organique des émotions. Il ne nous reste d'autre ressource que de voir dans l'imitation une source particulière, occasionnelle de l'art.

Bien que cette source, en apparence, ne soit pas aussi indispensable, aussi abondante, et ne s'offre pas aussi facilement que les autres, elle les surpasse cependant en plus d'un point : elle est d'ailleurs unie à elle en plus d'un point. Aussi comprenons-nous que les Grecs aient vu dans tous les arts l'imitation de la nature et que ce soit là, encore aujourd'hui, l'explication la plus populaire de l'art. Mais l'imitation n'est qu'une de ces sources, la plus remarquable à vrai dire, la plus riche et la plus féconde de toutes. Ses qualités principales lui viennent de ce qu'elle n'est pas nécessaire à la vie, comme le sont les productions du métier, ni à la dérivation des émotions, comme les arts du rythme : elle se contente de nous fournir des plaisirs qui nous charment par leur particularité, plus encore que par leur intensité. Ici encore, l'essentiel est le plaisir logique, qui est simple, fondamental et, par là, plus général que tout autre, le plaisir que nous éprouvons en découvrant la ressemblance de l'image à l'original. Et ce plaisir naît en nous seulement à la vue de deux objets qui ne soient pas évidemment semblables. La ressemblance de deux objets homogènes ne fait point naître en nous une émotion particulière : elle est au contraire plutôt ennuyeuse; mais que des taches de couleur ou des lignes de crayon, que la glaise, la pierre et le métal morts imitent fidèlement un objet naturel et le rendent aisément reconnaissable, cela est surprenant et délicieux, comme nous pouvons le constater aujourd'hui encore sur des hommes naïfs, sur des enfants, sur des paysans. Le plaisir causé par la ressemblance n'est point une émotion esthétique raffinée, il naît de la fonction logique de la reconnaissance, il joue le même rôle que l'utilité dans les productions du métier; mais il est, comme elle, un tronc aux racines vigoureuses qui vont puiser au loin la sève, et ses pousses, grâce au sentiment artistique, peuvent s'enrichir et s'embellir indéfiniment.

L'ART IMITATIF DÉCOUVRE L'HOMME

C'est, en effet, grâce à ce plaisir qu'a été faite dans le domaine de l'art une découverte nouvelle dont la portée s'étend très loin : ce fut la découverte de l'homme comme sujet de l'art, sujet inépuisable d'inspiration pour l'artiste, principe d'un développement artistique infini.

Dans le métier, le point de vue de l'utilité met des bornes plus étroites à la force créatrice. Il ne l'opprime pas, il la rend même inventive (quelquefois jusqu'au fantastique), mais il l'arrête tout de même dans sa liberté. Il y a dans les arts du rythme quelque chose qui ressemble à l'expansion juvénile, comme le relâchement d'une grande tension, mais la conséquence en est, du moins au commencement, un certain caractère subjectif de ces arts, qui nuit à leur généralité.

La représentation de l'homme dans les arts imitatifs rend l'art libre, riche et objectif, elle réagit aussi sur ces arts et les élève à un niveau supérieur. Les motifs qui naissent de l'utilité et de l'expansion juvénile disparaissent presque tout à fait, la représentation est faite pour elle-même, c'est véritablement *l'art pour l'art.* Il n'y a qu'une seule restriction, c'est que l'image ressemble à l'original; mais, vue de près, cette restriction même n'est pas un obstacle; au contraire, elle est un principe d'enrichissement, elle est le lien qui attache vigoureusement l'art à la réalité et, en même temps, lui assure un progrès infini.

LA RESSEMBLANCE

Le progrès est déjà dans la possibilité presque infinie d'augmenter la ressemblance. L'enfant et l'homme primitif trouvent un plaisir même dans les essais les plus imparfaits, mais on conçoit vite qu'on peut toujours s'approcher davantage de la vérité. Il se produit une réaction sur l'œil et la main qui rend l'un plus perçant, l'autre plus sûre. Nous voyons de plus en plus distinctement les traits caractéristiques de la réalité et nous devenons de plus en plus adroits à les représenter. La comparaison de l'image et de la réalité sera un contrôle fécond pour l'art qui, dans la fidélité de l'imitation, est pour ainsi dire insatiable. Tout ce qui perfectionne la facture fertilise l'art; toutes les nouveautés de matière, de procédé, de moyen et de méthode de la technique aident au développement artistique proprement dit. Il n'y a pas de progrès dans l'art sans progrès de la technique, qui est l'essentiel quand on imite la réalité. C'est dans cette imitation que l'art a trouvé en tout temps, jusqu'à nos jours, le terrain solide et élastique qui rendait sa marche sûre, légère et persévérante. C'est le sol où il trouve, comme un autre Antée, la force qui le préserve du vain jeu de la fantaisie, des jeux arbitraires du caprice, des excès de l'extravagance. L'homme rivalise, pour ainsi dire, avec la nature elle-même en créant quelque chose qui ressemble à sa création à elle. Cent et cent fois battu, il recommence toujours la lutte contre elle pour satisfaire son ambition. Plus nous savons imiter la nature, et plus nous sentons combien notre imitation est imparfaite encore, plus nous cherchons à diminuer l'intervalle qui la sépare encore du modèle. Nous sommes vis-à-vis de l'art, en ce sens, ce que nous sommes vis-à-vis de la science. Plus nous savons, et plus nous voyons augmenter le domaine de ce que nous ne savons pas encore. Chaque progrès nous fait mieux sentir l'éternité de nos recherches. Tel est le caractère de toutes les choses humaines : c'est la perspective du progrès infini qui fait vivre notre activité. Si elle s'interrompait, notre activité dépérirait aussitôt.

Nous verrons que l'imitation de la nature n'est pas le dernier mot de l'art et que, si l'artiste imite la nature, il la surpasse aussi. Il la surpasse par le *style*. Mais les styles se corrompent : l'artiste médiocre, qui s'éloigne nécessairement de la nature, n'a pas le sens de la mesure dans laquelle il s'en peut éloigner et de la loi qui régit cet éloignement. Le style, peu à peu, devient une *manière*. C'est alors que l'art, pour se renouveler, retourne à la nature. De là vient que presque toutes les révolutions artistiques ont la même devise: Revenons à la nature ! Le naturalisme n'est pas une découverte du xix siècle, il existait déjà chez les Grecs, il existait à la Renaissance et il existait même en ce pédant xviii siècle. Il n'est point de remède plus efficace pour l'art égaré que l'imitation fidèle de la nature, fût-elle même maladroite au début.

L'EXPRESSION DE LA VIE DANS L'ART

Mais c'est aussi de l'imitation que naît le développement de la création artistique proprement dite. L'homme étant devenu objet d'imitation, on est amené à représenter surtout ce qui a de la valeur dans la vie humaine : l'art peu à peu se délivre de l'imitation. En effet l'imitation entrave la faculté créatrice, et l'art la libère. C'est la ressemblance que poursuit l'imitateur, mais l'artiste cherche la vie. Quiconque considère la nature avec un œil d'artiste, découvre que tout y est vivant, et il se donne pour tâche de faire que son art représente de la vie, qu'il ne représente que de la vie, qu'il anime toutes ses créations du souffle de la vie. Cette vie, nous ne la pouvons voir, nous ne la pouvons comprendre qu'à travers la nôtre propre. Observer fidèlement ses mille manifestations, les représenter fidèlement : voilà la tâche de l'art, cause de jouissances divines pour l'artiste créateur, cause de plaisirs presque égaux pour ceux qui ont le don d'apprécier son œuvre. Car la représentation de la vie (pour reprendre notre première définition) est une force qui augmente et qui conserve la vie.

Mais ce n'est là que le commencement de l'évolution ; voyons quelle en est la suite : l'artiste, en imitant, ne fait que répéter ce qui existe déjà ; mais il ne le répète pas exactement, parce que, dans cette voie, la nature ne saurait être égalée. L'artiste s'y prend donc d'autre façon pour la dominer. En créant son œuvre, l'artiste ne répète pas la nature, il la reproduit à sa façon, non point telle qu'elle est, mais telle qu'il la voit et la sent : en un mot, *il se donne lui-même.* Ce qu'il a observé dans la nature, ce qu'il a appris à imiter, devient en ses mains une simple matière dont il dispose librement pour exprimer ses propres sentiments, pour représenter sa propre vie intérieure. Et voici bien le mot de l'énigme de l'art — technique, observation, etc., ne font que conduire au sanctuaire où trône l'âme de l'artiste, son individualité —. Il existe, à vrai dire, des artistes dits objectifs qui livrent peu d'eux-mêmes, qui ne nous donnent que ce qu'ils ont observé ; mais cela tient à une cause très simple : ayant en eux peu de chose, il ne peuvent donner beaucoup. Ce sont des artisans, des photographes ; l'artiste est une individualité forte et riche. L'art est la manifestation de la personnalité.

Qui dit individualité dit unité. Tout ce que perçoit l'individu, ses expériences, ses pensées et ses sentiments se rassemblent en une unité. Toutes choses s'accordent et s'accommodent, non point, certes, de façon théorique ni par un effort de réflexion, mais par le mouvement même de la vie ; et l'on y éprouve le contact immédiat de la vie. Déjà pour cette raison, la création de l'artiste vit de sa propre vie, et non de celle de la nature. Elle ne copie pas, mais, en partant de la vie copiée, elle s'élève à une vie personnelle, artistique. Elle est une vie séparée, qui n'emprunte rien ailleurs ; c'est une âme qui vit.

L'individualité n'est pas seulement unité, mais aussi force, finesse, pensée, essor, aspiration, plaisir, bref : vie intense. C'est cette vie intense que l'individualité de l'artiste répand dans ses créations. C'est ce qu'on appelle, pas très justement d'ailleurs, *idéaliser*. Car, si nous ne comprenons pas le réel conformément à la réalité, nous n'idéalisons pas, nous mentons, nous falsifions ou bien nous commettons une erreur. Mais l'artiste ne veut pas représenter la réalité, il veut se donner soi-même tel qu'il sent, qu'il comprend la réalité ou, disons mieux : la vie. Qui osera demander à Shakespeare : « Où aime-t-on comme Roméo et Juliette ? » Il ne donne pas l'histoire naturelle de l'amour ; il représente le sentiment de l'amour tel que lui, Shakespeare, l'a compris et se l'est imaginé. C'est d'une façon toute différente qu'aiment Othello et Gretchen. Le *Moïse* de Michel-Ange est le représentant de la haute colère de l'homme, tandis que la *Madone* de Bellini est le charme de la pureté énigmatique de la femme. Comment sentent les hommes les plus capables de sentir, comment voient les plus clairvoyants, etc., voilà ce que représente l'art. Des événements psychiques qui surpassent ceux des gens ordinaires en force, en finesse et en plasticité, vivent dans l'artiste et cherchent une expression dans ses créations. Il est absurde de penser ici à une copie ! Où auraient-ils pu copier ? Gœthe son *Faust*, Shakespeare son *Hamlet*, Michel-Ange son *David* ? Dira-t-on que c'est le peintre qui copie, qu'il soit portraitiste ou peintre de paysage ? Le portrait doit vivre ; mais ce n'est pas de la vie de l'original qu'il vit, c'est de la sienne, dans ses couleurs, dans ses lignes, dans son expression. Pour le paysage, il est encore plus évident que c'est la vibration des sentiments artistiques qui le distingue de la photographie mécanique. L'œil, le sens de l'artiste, fouillent la réalité pour observer par quels moyens, de quelle façon apparaît la vie ; non pas pour la copier, ce qui d'ailleurs est impossible, mais pour renforcer, en la contrôlant, sa propre façon de représenter la vie qui part d'autre chose, à savoir du sentiment, et qui conduit à autre chose, à savoir à donner corps au sentiment. L'enfant ne découvre pas l'A B C, l'art de lire et d'écrire les lettres, ou les mots de sa langue ; tout cela est donné ; mais c'est avec cela que, plus tard, l'esprit crée l'expression de ses pensées qui sont nouvelles, qui sont les siennes propres. De même, l'artiste reprend dans la nature l' A B C, la grammaire, le style de l'expression des sentiments, pour pouvoir exprimer plus tard les siens dans cette langue. Effets de lumière et de couleur, rapports de lignes, images de mouvements, dispositions de masses, groupes de voix rythmiques et cadencées et que de choses encore ! se gravent dans l'âme, dans la mémoire de l'artiste pour être à sa disposition au moment de la création, dans l'expression de ses états de conscience particuliers.

C'est ainsi que se construit, au cours du temps, sans limites, le monde de l'art, non pas comme une copie futile de la réalité, mais comme un monde indépendant d'elle, un monde nouveau, construit par l'homme, dont les artistes puisent la matière et quelquefois même le modèle dans l'autre, qui le rappelle par conséquent, mais qu'ils animent de la vie de leurs âmes et dont ils font la représentation de leur propre vie psychique. L'âme aussi est un *cosmos*, bien qu'elle ne soit pas un *cosmos* spatial ; il y a un rapport intérieur dans ses moments, dans sa formation, dans son évolution. Tout ce que l'homme crée : science, société, État, droit, morale, évolution historique, tout est la projection de ce *cosmos*. L'art aussi est une projection de ce genre : représentation du cours de la vie et de tous ses événements comme tels. Ils donnent ensemble un monde idéal, où le feu de nos sentiments est plus intense que dans le monde matériel, réel. On y aime, on y hait plus impétueusement ; tous les sentiments y sont plus grands, les contrastes se concilient plus harmonieusement ou s'entre-choquent d'une manière plus sanglante : tous les rêves grands, subtils et horribles de notre âme se réalisent. Le monde de l'esprit est un monde spiritualisé. L'esthétique en recherche l'ordre, l'histoire de l'art retrouve la marche et les lois de son développement.

Mais le contraste apparent qui semble subsister entre le monde réel et le monde de l'art, disparaît en dernière analyse. En effet, les événements de notre monde intérieur, que représente l'art, appartiennent aussi à ce monde réel comme son moment le plus précieux, comme son extrait le plus fin, comme sa signification, sa beauté et son bonheur. L'art, c'est le dernier mot, c'est la mise en valeur du réel. Il groupe en lui certaines valeurs universelles ; il représente les valeurs dont l'ensemble s'appelle beauté et bonheur.

Combien la réalité serait pauvre, si l'art lui manquait ! Que sont, en comparaison, le soleil, la lune, les astres, tous les spectacles splendides ou dramatiques de la nature ? C'est notre sentiment seul qui les rend beaux. C'est l'œil qui de la vibration de l'éther fait une couleur radieuse ; c'est le sentiment artistique de l'âme qui transmue en beauté la réalité du monde.

L'ART ET LE JEU

On a souvent rapproché l'art du jeu. Comme le jeu, il ne sert pas à des fins pratiques ; comme lui, il sert de dérivatif à nos sentiments ; il nous plaît, nous captive comme lui ; les divisions de l'art, nous les retrouvons dans le jeu : il y a des jeux intellectuels, des jeux de mouvements, etc. Il y a même des jeux d'imitation, comme il y a des arts d'imitation ; enfin, les uns et les autres sont à l'origine des manifestations instinctives et nécessaires de l'âme.

Il existe vraiment une parenté entre l'art et le jeu : ils ont manifestement comme traits communs l'inutilité, le caractère instinctif et l'effet calmant. Il est également certain qu'ils peuvent être rapprochés l'un de l'autre, que le jeu peut devenir artistique et que l'art peut devenir un jeu. Les jeux d'imitation se rapprochent, en effet, de l'art : dans sa chambre, le jeu est l'art de l'enfant. Et d'autre part, aux époques raffinées, lorsque les tendances artistiques ont vieilli, l'art dégénère aisément en jeu, et produit des œuvres prétentieuses et maniérées.

Pourtant, il existe entre eux une différence capitale, et qui suffit à rendre vaines toutes les comparaisons : dans le jeu, le plus important est l'action, le point principal est le soulagement subjectif apporté au joueur ; on y peut mêler des éléments artistiques, comme le rythme, le sentiment de la forme, etc. ; mais le jeu lui-même n'est pas de l'art, il n'est pas quelque chose d'objectif. Dans l'art, je ne cherche pas seulement une expression de mon sentiment, mais je veux aussi le fixer, je veux lui donner une forme permanente, une forme objective. Le jeu, c'est l'action ; l'art, c'est la création, et la création d'une œuvre définie. Le résultat du jeu est un sentiment subjectif de bien-être ; celui de l'art, un abandon objectif. Le jeu est une expansion juvénile ; l'art est la création du beau objectif. Dans le jeu, je finis par me fatiguer ; mais dans une création artistique, je me renouvelle sans cesse. Le jeu appartient au monde de la volonté, l'art, à celui de la contemplation.

L'HARMONIE

Nous avons reconnu l'existence de trois occasions principales de l'art : la *technique*, *l'expres-*

sion des sentiments et *l'imitation*. Mais ce ne sont que des occasions, elles ouvrent la voie aux sources artistiques, mais, en vérité, elles ne sont pas ces sources elles-mêmes. La source véritable de l'art est dans les sentiments intellectuels, dans l'effet que produisent ces pensées et ces contemplations qui répondent à notre nature, qui agissent salutairement sur elle, qui l'élèvent, qui la développent. Mais ce qui conserve, augmente et développe ma nature est, pourrait-on dire, en *harmonie* avec elle.

L'harmonie est le principe fondamental de l'esthétique. C'est dans l'art, dans le monde construit par moi-même, qu'elle se trouve réalisée le plus complètement. Nous avons vu que c'est en premier lieu l'imitation qui fait jaillir les sources de cette harmonie ; par leur essence purement intellectuelle, les formes des choses agissent sur nos âmes, d'où rayonnent les sentiments vitaux, les sentiments dont nous sentons directement la valeur salutaire : car si les plaisirs qu'entraîne la satisfaction des besoins sensuels, organiques peuvent parfois être intenses, voire extatiques, les plaisirs intellectuels, placides, doux, objectifs, sont, par cela même, favorables à la conservation.

Devant une œuvre d'art nous ne nous contentons point de dire que nous nous sentons bien, nous disons que l'œuvre est belle, sublime, ravissante. Le sentiment de l'harmonie de la vie nous envahit ; nous nous trouvons heureux, nous en venons à nous oublier nous-mêmes, et tout ce qui nous entoure, nous vivons réellement *dans* l'objet dont nous sentons la beauté. Notre vie se déverse dans la réalité et l'anime : la vie du monde coule dans notre âme et active sa vitalité. Nous sommes en harmonie avec le monde et avec nous-mêmes. Le courant de la vie monte dans notre âme et la rend heureuse. Ses forces s'équilibrent, les émotions se taisent : nous ne désirons rien, nous nous contentons de vivre. Au contraire, lorsque les émotions nous obsèdent, nous sommes incapables de cet abandon qui est nécessaire à la jouissance du beau. Une lutte s'engage dont l'issue nous détournera du beau ou nous fera oublier nos émotions. L'émotion détruit l'équilibre de l'âme, tandis que la vue de la beauté le rétablit et le consolide.

L'ART ET LE SENTIMENT DE LA VIE

L'art qui exerce sur l'âme un effet destructif ou débilitant peut être considéré comme dégénéré. Comme nous trouvons dans le beau le miroir, la réalisation, l'expression parfaite de nos sentiments, notre propre sentiment de la vie s'en accroît, s'en renforce, s'en purifie. Quand nous voyons la splendeur du ciel étoilé, notre âme s'élargit pour ainsi dire ; l'image du sublime, dans la poésie, élève notre âme et la rend sublime pour un moment. C'est pourquoi nous aspirons à la vue du grand ; en le voyant nous nous sentons aussi plus grand. L'artiste, par un sortilège, communique ses sentiments élevés, fins, captivants et jolis à la matière ; c'est là où nous les respirons comme l'air frais et vivifiant, et nos propres sentiments s'en ennoblissent, s'en purifient et s'en renforcent. L'effet esthétique du tragique n'est pas le pessimisme qui, dans la chute des âmes nobles, trouve une justification à sa sombre conception de l'univers, mais il vient de ce que ceux qui souffrent sont des gens puissants, excellents, leur souffrance est d'une nature noble, sublime. La vue de la souffrance véritable est d'un effet désolant ; l'expression de la souffrance dans l'art émeut profondément notre âme et devient un plaisir esthétique. Celui qui, ayant une âme sensible, voit pour la première fois le groupe de *Laocoon* au Vatican, même s'il l'a vu cent fois en peinture ou en plâtre, ressentira le frisson du sublime. Nous déplorons la fin de Roméo et de Juliette, mais nous sommes près de pousser des cris de joie que des hommes aussi délicieux aient éprouvé des sentiments aussi grands. Ce regret douloureux que nous ressentons, nous ne voudrions pas ne pas le ressentir. Un jour, j'en fus témoin : une âme naïve et jeune, qui entendait *Médée* pour la première fois, à l'endroit le plus palpitant, éclata d'un rire particulier, qu'elle expliqua plus tard en disant qu'elle avait été transportée en voyant se manifester l'existence de ces sentiments monstrueux et surhumains : Quoi ! des hommes peuvent donc avoir ces sentiments et les exprimer ainsi ! Où se présentera l'occasion d'une pareille expérience, dans cette vie ordinaire où nous languissons, lorsque nous ne sommes pas emportés et agités par le courant des aspirations ? La beauté semble être tombée d'un autre

monde dans le nôtre : et pourtant nous la reconnaissons !

Las et blasés du train uniforme de la vie, les
hommes ont soif du plaisir esthétique, qui leur
fait ressentir plus fortement leur propre existence. Ceux qui ne sont point capables de comprendre les points de vue esthétiques, ceux devant
qui le monde de l'art pur reste fermé, ceux-là
recherchent, pour se sentir eux-mêmes plus fortement, les spectacles extraordinaires et émouvants.
C'est cela, et non pas la cruauté qui pousse le
peuple à assister aux exécutions capitales ! On
voit souvent des gens d'un âge avancé faire des
folies dont personne ne les aurait crus capables :
c'est qu'ils sont désespérés de voir leur existence si monotone, de sentir s'émousser en eux le
sentiment de la vie.

L'art est une source éternellement abondante
de renouvellement et de rajeunissement pour ce
sentiment de la vie. Nous sommes faibles, maladroits dans nos mouvements chétifs ; mais en
voyant les statues grecques, nous oublions nos im-
perfections, nous jouissons de la force d'Hercule,
de la beauté d'Antinoüs, de la tranquillité sublime de Zeus, du charme de la jeunesse rayon-

nante qui brille en Apollon ; pour un instant nous nous transformons nous-mêmes en eux. Plus manifestement se révèle dans une œuvre ce sentiment de la vie, plus profond est l'effet qu'elle produit en nous.

Nous voulons vivre, c'est là notre sentiment fondamental, essentiel, et plus nous nous sentons vivre, plus nous vivons intensément, plus grand est le plaisir que nous éprouvons à vivre. L'art n'est autre chose que la représentation de la vie, une vie nouvelle que nous créons nous-mêmes, un monde immense et nouveau que nous découvrons, et qui intensifie et magnifie les impressions même des sens le plus blasés. Se plonger en lui, s'y absorber, est un grand procédé vivifiant. Là où nous sommes entourés d'art, nous nous sentons aussitôt chez nous, comme dans la vraie patrie de notre âme ; l'artiste est un frère, un ami, un bienfaiteur, avec qui nous pouvons tout de suite parler familièrement ! A la vue de l'œuvre d'art, notre âme est saisie d'un sentiment religieux, comme celui qui passe de l'obscurité à la lumière. La maison décorée par l'art ne nous intimide pas comme le luxe de l'or et de l'argent ; nous sommes aussitôt disposés à aimer avec un dévouement objectif ce décor, comme quelque chose qui répond à notre âme, comme une ancienne connaissance qu'en réalité nous n'avons jamais vue, mais que nous avons pressentie et que nous attendions depuis longtemps.

L'INDIVIDUALITÉ DANS LA VIE MODERNE

Dans la précédente analyse nous avons vu surgir de temps en temps l'idée d'*individualité*, le mot qu'on entend le plus souvent à propos de l'art moderne. Mais nous trouvons ici une contradiction.

Sous certains rapports, la vie moderne est contraire à l'individualité. Il ne faut pas attacher une grande importance aux caractères extérieurs de la vie, mais nous pouvons tout de même nous y arrêter un moment. Commençons par la mode. La mode est internationale, les tailleurs travaillent partout au monde de la même manière, la seule différence est qu'ils sont plus ou moins adroits ou maladroits; que quelqu'un ose, dans la bonne société, s'habiller d'après son goût particulier! Mais on se garde bien de le faire! En général nous vivons, nous mangeons, nous nous logeons, nous passons l'été et l'hiver tous de la même façon. Nous entendons les mêmes œuvres de musique, les mêmes drames, les mêmes artistes en représentation. Nous voyageons de la même façon, nous habitons les mêmes hôtels, où on nous présente la même carte des mets et des boissons. Les journaux sont aussi à peu près tous pareils, nous lisons sur les grands événements à peu près partout le même article de tête bien ou mal écrit ; avec quelques modifications, les feuilletons sont aussi bornés par d'étroites limites : cinquante échantillons suffiraient peut-être à satisfaire à tous les besoins. Parfois nous nous vantons de cette uniformité, parfois, au contraire, nous en avons honte et nous la dissimulons. On peut affirmer que tous les jours, à la même heure, les mêmes propos se tiennent en maints endroits du monde. Les formes extérieures de la vie moderne tendent à devenir de plus en plus uniformes.

Mais cette uniformité n'est point purement superficielle. Le progrès de la culture a établi partout des institutions qui resserrent la vie dans des limites à peu près fixes. Presque partout, il y a des corps législatifs, des ministres, des tribunaux, des impôts, des écoles, des soldats, des fabriques, une question sociale, des œuvres de bienfaisance, etc., etc. Ici l'uniformité ne nous semble pas une entrave, nous l'exigeons même au nom du progrès, en nous autorisant de l'essence intérieure de ces institutions. Nous voulons un *juste* système d'impôt, de *bonnes* écoles, un tribunal *impartial*, une justice *rapide*, une constitution véritable et nous étudions continuellement les expériences qui se présentent ailleurs, pour élever nos institutions au niveau de celles qui sont déjà éprouvées.

Au reste, nous finissons par ne plus nous défendre contre l'uniformité de ces caractères extérieurs. Elle est en effet souvent fort commode pour nous : l'uniformité de la mode nous permet d'en finir en cinq minutes avec le tailleur ; le menu du restaurant nous épargne l'embarras de choisir, et si le confort de l'hôtel est un peu banal, il nous convient cependant et ne nous heurte pas ; nous nous plaignons tous de nous retrouver si nombreux à Nice, mais cela ne nous empêche pas d'y aller. Et tous, nous formulons en général de ces objections affectées ; les habitudes fixes nous ennuient, et cependant nous paraissons fidèlement partout où il « faut » paraître, et nous parlons avec une certaine désapprobation de ceux qui y manquent.

Qu'il doit être fort l'homme qui, dans cette vie soigneusement délimitée et circonscrite, sait être cependant une individualité! Et quand pourra-t-il l'être? à quelle occasion? Quand il travaille, il doit se conformer aux conditions accoutumées du travail; dans la société, on le montre au doigt s'il affecte l'originalité. Nos amusements mêmes ne valent quelque chose que si nous nous amusons avec les autres et sans gâter leur bonne humeur. Il nous prend souvent envie de nous révolter contre l'uniformité, et parfois même nous allons jusqu'à la révolte ouverte, mais la plupart du temps nous nous en repentons. Il nous est arrivé de nous isoler, mais, pourquoi le nier, cette solitude nous a été pénible. La solitude, semblerait-il, est le refuge de l'individualité et sa sauvegarde : mais qui aime la solitude? Les hommes fatigués qui veulent reprendre des forces... pour la vie en société. Mais, à dire vrai, la solitude n'est pas bonne pour l'individualité. Être une individualité, en effet, ce n'est pas simplement se prosterner devant soi-même et jouir de ses propres singularités, c'est faire valoir son originalité dans la création, par le travail; mais il faut pour cela rester avec les hommes, au moins par la pensée, et se conformer plus ou moins à eux. Un homme singulier n'est pas forcément une individualité, non plus qu'une individualité n'est un homme singulier. Encore est-ce le plus souvent à dessein, et non par son caractère naturel, qu'un homme est singulier : il veut, mais il ne sait pas, différer des autres, et le seul moyen qu'il imagine est d'affecter l'originalité.

Si aucune influence contraire ne résistait à cette énorme force niveleuse que recèlent nos institutions et l'ordre de notre vie, celle-ci serait devenue depuis longtemps incolore et monotone. Mais l'existence même d'hommes qui se veulent singulariser témoigne déjà de la présence de cette force contraire. Nous sommes rassurés, quand nous nous découvrons pareils aux autres sur quelques points ; mais nous voulons aussi différer d'eux par d'autres points. La tendance à l'individualité est une force primordiale de notre nature. Plus nous sommes développés, plus nous voulons sentir notre personnalité particulière, et nous savoir véritablement hors de pair. Les hommes bizarres cherchent le sentiment de l'individualité non sans gaucherie, ils font le contraire des autres ; les brutaux trouvent leur bonheur dans le sentiment des différences quantitatives, en ce qu'ils savent dépenser plus, boire plus, jurer plus, passer plus de nuits que les autres et ainsi de suite. Iago jouit de sa coquinerie et c'est aussi dans la conscience de leur finasserie et de leur ingéniosité que les petits Iago trouvent le bonheur. Mais les différences quantitatives ne sont pas bien caractéristiques pour l'individualité. Quelle grande différence y a-t-il entre les petits et les grands coquins ? Les effets seuls diffèrent et non les qualités ; l'individualité cependant est une qualité. « Je suis moi », est le grand cri de guerre de l'individualité. J'ai une vie psychique particulière, qui n'appartient qu'à moi, dans laquelle aucun autre ne peut pénétrer, que personne ne peut m'ôter. C'est dans ses replis les plus intimes qu'habite le sentiment de mon individualité. Je fais comme le commandant d'une forteresse assiégée ; j'abandonne les environs, la ville et la forteresse inférieure à l'ennemi et je me retire dans la citadelle : là, je suis invincible. Que m'importe que l'extérieur de la vie soit uniforme ! Je n'ai pas au moins à prodiguer la force de mon individualité pour des vétilles ! Le mécanisme de la vie est général et uniforme ; mais moi, j'en use selon mon individualité. Je fais, il est vrai, ce que les autres font ; mais je le fais à ma façon propre. Notre vie entière est une lutte et une accommodation perpétuelle entre l'instinct qui pousse à faire valoir l'individualité, et la force nivelante de la vie.

L'ART DÉVELOPPE L'INDIVIDUALITÉ

L'art, dans cette lutte, vient au secours de l'individualité. Il en est une manifestation, et l'œuvre d'art individuelle augmente aussi en moi, par la force particulière de l'illusion, le sentiment de ma propre individualité. Au foyer de l'art toutes les individualités s'animent, celle du créateur aussi bien que celle de ceux qui jouissent. La sécurité des chemins ordinaires de la vie nous tranquillise ; mais en même temps elle nous alourdit et nous engourdit. Quand les traits individuels pâlissent, la vie devient régulière, mais en même temps incolore et ennuyeuse : nous pouvons prévoir ce que chaque heure nouvelle va nous apporter, et l'indifférence nous envahit désespérément. Cette vie, la conception de l'artiste la renouvelle, lui prête une couleur individuelle et fraîche ; c'est comme un ensorcellement qui lui rend soudain tout son intérêt. Plus de conventions, de phrases ni de banalités ; un homme me parle qui, dès le premier moment, me tutoie, et je ne puis moi-même faire autrement que de le tutoyer. Tout ce qu'il se permet lui est permis, et de mon côté, tout ce à quoi je me sens autorisé m'est permis.

Encore n'ai-je point affaire à *une seule* individualité. C'est tout un monde qui, dans l'art, se déroule devant mes yeux ; chaque pas m'y découvre une nouvelle individualité qui est tantôt gaie, railleuse, tantôt douce, sage, drôle, bizarre ou triste, et ainsi de suite, car la diversité des caractères est infinie. Je me sens à l'aise ; je ne suis plus en compagnie de grands ou de petits seigneurs, de fonctionnaires ou de gens d'affaires, de savants ou de financiers, je ne suis qu'avec des hommes dont l'âme est à nu ; et nous-mêmes qui ne faisons que jouir de l'art, nous aussi nous nous sentons égaux, nous aussi nous oublions notre rang et notre dignité ; à vrai dire, nous ne les oublions jamais longtemps, mais ces moments nous sont agréables et nous soupirons toujours après leur retour. C'est l'art et non la solitude qui garde et entretient le sentiment de l'individualité dans le monde.

Ici encore il y a des dangers. La technique, les modes et les écoles gâtent l'individualité. Les fortes individualités asservissent les plus faibles, la mode conduit les commerçants à l'imitation, la routine de métier étouffe le sentiment personnel, les traditions d'école entravent les élèves. Là où nous cherchions l'individualité, nous ne trouvons plus que la grimace apprise. Nous avons l'impression de leçons apprises par cœur. Le soleil s'éclipse de nouveau, le monde redevient gris. C'est la même histoire qui recommence éternellement. L'artiste en souffre, et nous en souffrons avec lui : ce monde supérieur où nous nous sommes sentis transportés est bien à l'image de l'autre : il connaît aussi les sentiers battus, d'où la liberté est absente. C'est là une chose décourageante, car autant la mécanisation de la vie est utile et indispensable dans l'intérêt d'un but supérieur, autant il est inexcusable de mécaniser l'art. Au profit de qui ? de quoi ? et quel peut être ce profit ?

L'INDIVIDUALITÉ CHEZ LES « SÉCESSIONNISTES »

Quand le mal devient trop grand, un cri s'élève pour proclamer que seule l'individualité a droit de cité dans l'art. Contre la dépravation du style on a recours à la nature, contre le travail routinier à l'individualité ; souvent les deux tendances s'unissent. C'est de là que sont nés dans le monde entier les mouvements sécessionnistes. Mais il n'est pas vrai de dire que ces mouvements se soient produits dans le seul art moderne. Tous les temps les ont connus, mais on ne leur donnait pas le même nom ; et surtout on faisait moins de bruit que de nos jours, où la conscience de la création et de la jouissance artistique donne à chaque voix un retentissement cent fois multiplié. Toutes les révolutions artistiques ont commencé par prendre l'étiquette du naturalisme ou de l'individualisme ; c'est d'abord et avant tout le droit de l'individu qu'elles ont revendiqué contre la convention. On crie très fort de nos jours qu'on ne veut plus de tradition ni de règle ; chacun ne peint que sa propre individualité sans s'occuper si, en dehors de lui-même, il y a, ou s'il y a jamais eu, des hommes ou des artistes au monde. A tous les points de vue, l'individualité est souveraine.

Tout cela est bien vrai, et notre opinion n'est point différente. Mais une profession de foi bruyante ne saurait suffire, l'important, c'est qu'il existe des individualités qui s'expriment et qu'il vaille la peine de connaître. Il ne faut point confondre l'individualisme avec le subjectivisme. Dans la vie, l'homme bizarre n'est pas encore une individualité, il n est souvent qu'un masque qui simule l'individualité; de même dans l'art, l'arbitraire n'est pas encore la liberté, et la nouveauté n'est pas en elle-même quelque chose de précieux ; faire un saut périlleux n'est pas s'envoler, bien que ce ne soit point non plus de la marche ordinaire. Que chacun regarde le monde avec ses propres yeux, qu'il le juge avec son propre esprit, qu'il le forme à sa propre manière : soit ! mais tout le monde n'a pas l'œil, l'esprit et la main si précieux qu'il vaille la peine de connaître ses impressions ou ses créations. S'il est vrai que tous les corps nus ne sont pas beaux, toutes les âmes nues ne le sont pas non plus. « Donne-toi tel que tu es » est un conseil excellent : encore est-il nécessaire, que celui qui se donne ait quelque valeur. La grande affectation d'individualité qui se manifeste dans l'art moderne répond à un besoin profond. Bien qu'elles soient souvent trop gauches, ces tendances n'en accomplissent pas moins un travail important de transition : elles aplanissent le chemin aux individualités véritables. La proclamation des droits absolus du subjectivisme peut encourager les artistes, aiguiser l'attention et éduquer l'œil du public : mais l'exagérer est contraire à la nature de l'art ; on le livre ainsi à l'anarchie complète et irrémédiable ; le monde de l'art, pas plus qu'aucun autre, ne peut vivre dans l'anarchie.

L'ART OBJECTIF

De ce chaos, doit se lever un art nouveau, *objectif*. Nous aussi nous affirmons que c'est surtout l'individualité qui importe dans l'art, mais l'essentiel dans une individualité, c'est ce qu'elle a d'objectif. Et c'est le style qui donne l'objectivité. On peut aisément justifier un peintre par ce seul motif qu'il voit, *lui*, le monde d'une certaine façon, et personne n'y saurait rien objecter : c'est son droit souverain. Mais ce droit n'appartient qu'à une individualité véritable, c'est-à-dire à celle qui n'affecte pas l'originalité par entêtement, à celle qui en s'exprimant exprime une valeur authentique. N'allons point croire que l'art ancien soit tombé en désuétude. La création des valeurs nouvelles ne fait pas disparaître les antérieures ; elle ne fait qu'augmenter l'amas des trésors. Il peut arriver que la jouissance des valeurs nouvelles rende insensible aux anciennes (changement de style), mais ce qui a une valeur véritable ne tombe jamais en désuétude et c'est par sa qualité que nous l'évaluons. L'individualité est notre trésor le plus précieux. Elle change, se développe, s'enrichit ; et plus elle s'enrichit extérieurement, plus grands sont les trésors qu'elle porte dans son sein fécond.

VALEUR DE L'ART POUR NOUS

Nous pouvons maintenant voir clairement la place et l'importance de l'art dans notre vie. Il résulte de l'intégrité, de l'équilibre et de l'harmonie de l'âme et il crée l'intégrité, l'équilibre et l'harmonie de l'âme. Il est un des grands repos dans les luttes de la vie. Mais il n'est pas le repos qui détache l'homme de ces luttes ; le repos n'existe qu'*après* le travail ; sans le travail il n'y a qu'inaction, oisiveté. Le repos c'est la reprise des forces, c'est le retour chez soi. Dans le travail, nous nous dispersons, nous nous éparpillons, nous nous perdons dans le détail, nous devenons comme étrangers à nous-mêmes. Dans l'art, nous revenons à nous, nous nous sentons un, un tout, nous jouissons de ce que notre être soit complet. Nos sentiments s'épurent dans le plaisir artistique ; nous nous sentons des hommes meilleurs, plus forts, plus purs et plus individuels. L'art appartient à l'hygiène de notre âme. Le grand Aristote n'hésite pas à déclarer que l'effet de la tragédie, c'est la *katharsis*, la purification ; mais au sens large du mot, c'est là l'effet de l'art entier. L'intégrité, l'équilibre et l'harmonie de l'âme signifient ce qui existe de plus haut au monde ; elles signifient la science, le travail moral, la création artistique et la condition la plus importante de la formation idéale de la vie ; il ne faut pas nous choquer de ce mot : hygiène. Loin de rabaisser l'art, il l'exalte. L'art n'est pas un remède, un moyen qui serve à des fins étrangères ; mais de même que le sentiment nous signale ce qui est propre à la conservation, au développement et au perfectionnement du corps et de l'âme, pareillement l'art qui résulte du sentiment, en réagissant sur la sensibilité, nourrit et préserve les forces de notre âme.

En effet, ce n'est pas d'un mouvement de la réflexion que l'art est né; l'art des peuples primitifs prouve suffisamment qu'il est né de l'instinct, c'est-à-dire des besoins de notre corps et de notre âme, à la satisfaction desquels il est pourvu par la loi générale de l'évolution. Pourquoi l'homme sauvage décore-t-il ses outils, ses armes, pourquoi danse-t-il, pourquoi parle-t-il d'une manière rythmique, pourquoi embellit-il son corps et s'invente-t-il un vêtement brillant? Parce qu'il veut projeter au dehors ce qui vit dans son âme comme sentiment; c'est cela qui le pousse à l'action qui cherche à s'emparer d'un corps sensible dont l'homme veut se sentir l'auteur; une longue évolution lui apprend à manier la matière et à *savoir* faire ce qu'il *veut* faire. C'est ainsi que se développe au cours de centaines et de milliers d'années la technique des arts... Et quand l'œuvre se détache devant ses yeux, il y trouve un plaisir, dont l'intensité devient le guide de ses tendances artistiques; pour nous, spectateurs, nous jouissons de l'œuvre et nous exigeons la beauté, qui a sur notre âme le même effet que l'air frais sur nos poumons. Il est vrai qu'en voyant et en écoutant nous ne faisons qu'accepter l'impression, que nous nous comportons d'une manière passive, que nous ne sommes pas actifs; mais l'instinct artistique a pris racine dans la profondeur de l'âme et il trouve toujours l'occasion de se manifester. Nous sommes tous, nous aussi, des artistes, chacun cherche la beauté à sa façon dans l'expression de ses pensées, dans la toilette, dans l'ameublement, dans la marche, dans la danse; et chaque petit succès nous remplit d'une joie, qui n'est d'abord dans l'âme qu'un sentiment vague, comme une émotion peu consciente; mais ce sont ces petits sentiments vagues qui constituent dans notre vie le fond sur lequel tout le reste se construit. L'instinct artistique, l'instinct de « produire » et le sentiment de la beauté sont des souverains tranquilles, mais puissants de notre âme, qu'ils gouvernent invisiblement, doucement et qu'ils rendent heureuse. Longtemps la science n'a pas tenu compte de ces forces, de même que longtemps elle a ignoré la pesanteur de cet air, qui est la condition essentielle de notre existence. L'Art n'est pas tombé sur cette terre par hasard ; il est une grande création de notre âme, au même titre que toutes les autres, qui s'est développée, qui peut parfois se dépraver, mais qui ne peut jamais périr ; car ses racines profondes plongent dans la vie psychique qui le nourrit sans cesse et lui permet de se renouveler.

La vitalité de ces racines peut être augmentée par l'éducation artistique, plus nécessaire que jamais à une époque comme la nôtre, où la chasse au travail et au plaisir tendent à faire fuir les Muses. On tient très peu de compte ordinairement de l'influence de l'éducation, parce que ses effets ne sont pas immédiatement évidents, et parce qu'on lui demande plus ou autre chose que ce qu'elle peut donner. Certes, l'éducation ne saurait remplacer la nature, elle ne *crée* rien. Mais de même que nous savons diriger et gouverner la nature matérielle après avoir étudié ses lois et ses qualités, de même que nous savons l'exploiter pour nos propres fins, pareillement, lorsque nous connaîtrons mieux les lois et les qualités de l'âme, nous saurons diriger son développement d'une façon inconnue jusqu'à présent. Jusqu'ici l'humanité n'a été qu'*élevée* et un peu trop confiée au hasard : il faut qu'arrive maintenant cette époque de l'*éducation* de l'humanité, qui est encore très éloignée, mais qu'il faut cependant préparer. Ce sera aussi l'époque de l'éducation artistique, à laquelle il faut songer pour ennoblir et fortifier les hommes. Nous les arrêterons donc, ces hommes qui, épuisés de travail ou rassasiés d'amusements et de plaisir, se précipitent aveuglément en avant ; il faut leur demander : « Où courez-vous ? Vous êtes hors de vous, rentrez en vous-mêmes ! allez retrouver votre véritable patrie, le monde du beau, qui est à la fois si près et si loin de vous ! Vous n'avez qu'à vouloir, et vous vous y sentirez chez vous ! »

IV

L'art et l'école

L'éducation artistique doit commencer sur les bancs de la classe enfantine et continuer jusqu'à la sortie de l'école, pour recevoir son couronnement dans la vie. Il n'existe pas de différence essentielle entre l'éducation de l'école et celle de la vie ; les traits principaux sont identiques ; mais, à l'école, nous pouvons procéder méthodiquement, tandis qu'il nous faut, dans la vie, suivre le hasard. Si, dans la suite, nous parlons d'abord des écoles secondaires, c'est parce que nous cherchons une règle générale, et parce que les grandes questions d'éducation se décident là. C'est là que se rassemblent les forces qui agissent sur toute la nation, c'est là qu'elles deviennent efficaces ; ce sont les écoles secondaires qui reçoivent la classe de la nation la plus susceptible de se développer, et cela à l'âge où l'on se développe le mieux. Tout dépend de l'enseignement secondaire.

Mais l'école secondaire est l'une des institutions les plus conservatrices ; des siècles entiers n'ont qu'à peine réussi à la modifier ; elle est toujours restée dans la voie où elle s'est engagée pour la première fois : aujourd'hui encore ce sont les langues classiques et les mathématiques qui sont les deux pôles autour desquels tourne sa vie ; le fait qu'on y enseigne la langue maternelle, la physique et un peu d'histoire naturelle (en s'en tenant à la nomenclature) n'y change pas tant que le plan général de l'enseignement et les instructions voudraient nous le faire croire. Le développement de l'école secondaire s'accomplit toujours dans son ancien cadre. Pourtant, l'enseignement perd peu à peu son caractère formaliste ; il tend, dans le domaine des sciences intellectuelles, à une plus grande compréhension de l'évolution de la culture ; dans le domaine des sciences naturelles, à une conception quantitative des phénomènes naturels. Tout cela se rapporte au système allemand des écoles secondaires, auquel le nôtre s'est ajusté en gros. Il ne faut pas être ingrat envers notre ancien système : c'est à lui que nous devons ce que nous avons. Autrefois, la vie ecclésiastique et politique de la nation comblait une part de ses lacunes; elle en laissait subsister d'autres, mais d'une autre façon que le système allemand. Ce n'est que dans les derniers temps qu'un grand contraste s'est révélé entre nos besoins de culture et l'esprit vieillot de nos écoles secondaires. D'un coup, nous sommes tombés au milieu de toutes sortes de courants sociaux, politiques et intellectuels, qui interrompent, pour un temps, notre évolution traditionnelle. Il faut reconnaître que le plus grand mal dont souffrent nos écoles secondaires est l'amoindrissement de leur force éducatrice. De meilleurs systèmes d'enseignement s'y sont acclimatés, mais notre jeunesse est, dans le caractère et dans la conception de la vie, moins fixe qu'autrefois et son éducation intellectuelle en éprouve un dommage. Que dans ces circonstances la culture esthétique soit réduite, d'une part, parce qu'elle est très exclusivement littéraire et d'autre part, parce que même sous cette forme littéraire, elle est insuffisante: voilà qui n'a pas même besoin d'être démontré. C'est l'un de nos devoirs les plus stricts d'étudier le plus sérieusement possible la question de l'enseignement secondaire, et, sinon d'en réformer les programmes, du moins d'éveiller l'intérêt du public instruit tout entier et d'éclairer l'opinion publique. Nous nous contenterons cette fois d'expliquer la question de la formation esthétique.

Notre point de vue principal est si évident que nous nous abstiendrions presque d'y insister, s'il n'était vrai que ce sont les idées générales qui font le plus défaut aux hommes ; nous oublions toujours surtout ce qui va de soi. La formation esthétique, la culture artistique n'est en aucune manière un objet d'enseignement. Elle est un objet d'*éducation*. Elle doit imprégner l'âme et, par conséquent, non pas l'enseignement, mais la vie scolaire tout entière, dont elle doit parfumer l'atmosphère.

On fait depuis quelque temps, dans l'enseignement secondaire, des conférences d'histoire de l'art. Je ne prétends point qu'elles soient sans valeur, et l'on verra, au contraire, que je recommande moi-même quelque chose d'analogue. Les élèves leur font un bon accueil ; des noms d'artistes et de styles volent dans l'air : le Parlement est bâti en style gothique, l'Académie hongroise, en style renaissance ; on parle aussi de style rococo

et baroque, sans compter la Sécession, à laquelle
la jeunesse s'intéresse surtout. Les musées, les salons contribuent aussi à répandre dans le public
des noms et des notions qui ont trait à l'histoire
de l'àrt ; il est agréable de montrer qu'on n'ignore
pas tout cela ; ainsi ces connaissances privées de
vie s'harmonisent bien avec toutes les autres, qui
leur ressemblent et qu'on ramasse à l'école secondaire. Mais cette histoire de l'art est ce que serait l'histoire des mathématiques pour quelqu'un
qui aurait fort peu de connaissances mathématiques. Le pis est que ces lambeaux de savoir
donnent encore à l'élève la conviction qu'il sait
véritablement quelque chose, qu'il est même un
connaisseur !

Ce qu'il faut, au contraire, développer dans la
jeunesse, c'est d'abord le sens, le goût et les dispositions artistiques. L'important est de lui ins-
pirer la curiosité, le désir de l'art, d'en faire, en
une certaine mesure, un besoin de sa vie. La tâche
n'est pas facile ; c'est vouloir donner aux élèves
ce dont on sent si généralement le défaut dans
les milieux d'instituteurs et de professeurs : une
science qu'on ne peut pas découper en paragraphes. Ce n'est là qu'un idéal dont nous ne pouvons

espérer la réalisation complète et générale ; mais il n'est point inutile de se proposer un idéal : il nous montre la direction vers laquelle doit tendre notre effort, et il nous permet de mesurer le chemin parcouru.

L'enseignement de l'histoire de l'art et la conception historique du développement artistique, tels qu'on les pratique, n'aboutissent qu'à une pure illusion. Au lieu de constituer une éducation, c'est là un enseignement purement verbal, fait de notions vides et de formules creuses. Bien que, dans l'éducation artistique, nous ne devrions pas nous priver de l'élément intellectuel, de l'élément connaissance (nous en reparlerons d'ailleurs plus loin), pourtant la seule connaissance ne saurait suffire, et jamais elle ne pourra remplacer le sentiment. Éveiller, fortifier, diriger le sentiment esthétique, le rendre conscient de soi, voilà le but essentiel de l'éducation esthétique.

ÉDUCATION ESTHÉTIQUE UNIVERSELLE

Le point de vue suivant n'est pas moins important. Il faut que l'éducation esthétique soit *universelle*, c'est-à-dire qu'il faut préparer la jeunesse à goûter toutes les formes de l'art, toutes les manifestations du beau. A l'heure actuelle, on n'attache de valeur qu'à l'éducation littéraire ; on apprend aux élèves à apprécier les chefs-d'œuvres des prosateurs et des poètes ; on leur fait lire, dans l'original ou dans des traductions, les bons auteurs hongrois, allemands, français, latins et grecs ; on forme leur style ; on leur donne encore quelques notions d'histoire de la littérature et de critique littéraire. On ne parle jamais des arts plastiques, moins encore de la musique ; le chant lui-même compte à peine ; c'est en vain que nous essayons d'introduire dans les lycées d'autres arts, comme le dessin et le modelage. Mais, dira-t-on, n'est-ce pas exiger des élèves à la fois trop et trop peu ? Il est facile de parler d'une éducation esthétique universelle ; mais, en fait, avons-nous les moyens — je ne dis pas d'atteindre — mais seulement d'approcher même de ce but ? En imposant à l'école secondaire un programme aussi varié, ne risque-t-on pas de compromettre la solidité de son enseignement ? L'élite de nos professeurs manifeste à l'égard de ces projets une antipathie très explicable et, par l'indécision de leurs théories, de nombreux partisans de cette méthode en ont plus empêché que favorisé l'emploi. Si les professeurs font preuve de cette antipathie que nous avons signalée, c'est qu'ils craignent que l'éducation artistique intégrale n'introduise dans l'enseignement un nouvel élément de vague et de confusion, très propre, par son caractère spécieux, à séduire la jeunesse, sans lui donner des notions vraiment claires et solides ; l'histoire de la littérature, lorsqu'elle est mal enseignée, ne produit-elle pas déjà cet effet, en ne préparant l'élève qu'à un radotage parfaitement creux ?

Voici la réponse que l'on peut faire à cette objection : sans doute, il ne s'agit pas ici d'une matière d'enseignement qu'on puisse découper en paragraphes, mais il ne s'agit pas davantage d'un fantôme nuageux et vain ; c'est d'éducation qu'il s'agit ; or, l'éducation n'est pas autre chose que la création d'habitudes morales auxquelles nous ne pouvons plus renoncer ; elle ne s'enseigne pas comme les mathématiques, mais en est-elle plus nuageuse et plus vaine ? Bien conduite, l'éducation artistique serait même de nature à guérir l'enseignement littéraire des maux dont il souffre aujourd'hui. Nous ne pensons pas qu'elle compromette, par son universalité, la solidité du travail scolaire. Elle ne contraindra pas davantage les professeurs à passer sans cesse d'un objet à un autre. Si l'on nous objecte encore que l'artiste manifeste justement ses qualités d'artiste par l'empire qu'il exerce sur lui-même, c'est-à-dire par la concentration de ses facultés sous le joug d'une volonté unique ; que la nature n'a pas donné à l'homme une égale aptitude à sentir toutes choses ; que les uns restent insensibles à la beauté des arts plastiques ; que d'autres goûtent vivement les beautés de la poésie et de la peinture, mais n'entendent rien à la musique ; que, par conséquent, l'absence de certaines aptitudes empêchera l'éducation esthétique d'être universelle et intégrale : ces objections même nous serviront d'arguments nouveaux à l'appui de notre thèse.

En effet, la moyenne de l'humanité n'est tout de même pas denuée à ce point de facultés artistiques : il y a, à cet égard, entre les hommes, des différences de degré, d'où les différences entre la faculté, le talent et le génie ; il n'y a pas de différence de nature ; le défaut complet d'aptitude n'est qu'une rare exception. Tous, ou presque tous, nous sommes capables d'atteindre aux éléments : or, c'est là la base de l'éducation. Quand la paysanne s'habille de couleurs voyantes qui choquent peut-être le bon goût, elle ne prouve cependant pas par là qu'elle reste insensible à la magie des couleurs; bien au contraire, elle montre qu'elle les aime; il n'y a personne qui soit insensible au timbre d'une voix harmonieuse et sonore, au charme d'un air peu compliqué; le rythme, la rime caressent toutes les oreilles; exceptons peut-être les vieillards dont les sens sont émoussés et dont l'âme s'est blasée dans la lutte pour la vie. Il y a des gens qui manquent d'oreille? Eh bien! on n'en fera ni des chanteurs ni des critiques musicaux (et encore n'est-ce pas sûr!); mais ils n'en sont pas moins musicalement éducables et la fausseté de leur ouïe ne les empêchera pas de goûter la musique. Le fait qu'il manque à quelqu'un le sens développé d'un art ne prouve rien contre la nécessité d'une éducation artistique, puisque, aussi bien, c'est justement la tâche de l'éducateur de recueillir et de faire fructifier les germes peu vigoureux.

Remarque plus importante encore : le développement intégral des sentiments esthétiques a pour corollaire leur développement cohérent et simultané. Par là, il advient qu'ils s'entretiennent et se favorisent les uns les autres; de cette collaboration étroite, la réflexion esthétique sort plus consciente et plus féconde. Or, nulle part, ni dans nos écoles, ni ailleurs, on n'a apprécié à sa juste valeur cet élément de l'éducation artistique, bien qu'il n'y en ait peut-être pas de plus important; si un homme a quelque peine à trouver le chemin d'un art, un autre le lui montrera peut-être. Tout art dont nous avons pénétré assez profondément les secrets développe en nous une aptitude à mieux comprendre et à mieux goûter les autres. L'objet des divers arts et, par conséquent, leur technique sont sans doute différents : la langue de l'un d'eux ne peut se rendre dans la langue d'aucun autre ; néanmoins, il y a entre eux des affinités : affinités d'origine, car tous sortent du sentiment ; identité de l'effet, qui est toujours le plaisir esthétique ; affinités de forme, car les caractères les plus généraux de chaque art sont communs à tous. Aussi les arts peuvent-ils s'allier : aux grandes époques artistiques ils n'ont été forts que parce qu'ils étaient unis ; ce n'est que par leur union qu'ils peuvent exprimer toute la richesse du sentiment, qu'ils cherchent à rendre et produire toute la grandeur de l'effet qu'ils essaient d'atteindre.

Dans l'unité d'une cathédrale gothique, la majesté de l'architecture, les tons diaprés des verrières, l'essor magnifique des piliers, toute la splendeur de l'ornementation et du décor se mêle au mystère de l'office divin pour éclater en une immense symphonie où chaque art donne sa note sans pouvoir être remplacé par un autre. Dans combien d'âmes la puissance de cette symphonie n'a-t-elle pas fait naître la résignation au destin ou stimulé l'essor de la force humaine ! Mieux que le Moyen Age lui-même, les Grecs connurent cette harmonie : leur drame était une synthèse de la poésie, du chant, de la danse et de la musique ; dans leurs temples, l'architecture et la sculpture se sont unies de la façon la plus intime. Au reste, la musique et la poésie, la musique et la danse, la sculpture et l'architecture, la peinture et l'architecture sont liées de la façon la plus étroite. Les musées qui, avec toutes les bonnes raisons que leurs conservateurs peuvent avoir d'agir ainsi, arrachent avec tant d'arbitraire les œuvres d'art à leur place et à leurs destinations premières ; les expositions qui ne sont guère, pour la plupart, que des bazars où tout se trouve réuni sans doute, mais pêle-mêle, sans ordre, sans goût et d'une façon provisoire, jusqu'à ce que les objets aient trouvé acquéreur nos modernes maisons de rapport avec leurs réclames charlatanesques et leur ornementation tapageuse ; les monuments publics dans la misère de leur achitecture ; les opéras avec la niaiserie de leurs livrets : tout nous a accoutumé, nous autres modernes, à n'envisager les arts que séparés ; nous ne rencontrons que très rarement un exemple d'art synthétique. Le fait s'explique par le goût de l'époque où l'art est représenté par l'ostentation du luxe, la futilité du bibelot et la vanité du décor. Il existe deux mondes, tout à fait différents et comme séparés par des cloisons étanches, ne communiquant pas entre eux : d'une part, le monde des affaires, du travail et du plaisir ; d'autre part, celui des musées, des expositions, des théâtres et des concerts ; ni les esthètes, ni les gens d'affaires n'ont pensé que ces deux mondes dussent, dans la mesure du possible, se mêler et s'unir si le Beau ne doit pas être sur la terre comme un étranger égaré. Mais il nous semble que nous assistons à l'avènement d'un esprit nouveau : la vie et l'art se rapprochent ; les cloisons tombent ; ils se mêlent, ils se fondent, et en même temps, les arts, entre eux, s'allient. C'est de cette synthèse que vient en partie l'effet écrasant de la musique wagnérienne ; le livret n'est plus aujourd'hui un épiphénomène ; texte et musique sont étroitement liés. Cet art synthétique, on l'appelle aujourd'hui *l'art de l'espace*, et cela veut dire qu'on fait appel à la collaboration de plusieurs arts pour exprimer une unité harmonieuse et complexe. Dans ces conditions ne serait-ce pas une lourde maladresse que de priver les jeunes âmes de toute une partie du monde de l'art ? Cette harmonieuse unité des sentiments artistiques est en elle-même un des éléments les plus précieux de l'éducation esthétique.

Voici enfin la remarque essentielle : dans les arts les plus différents il y a quelque chose de commun ; la constatation de cette vérité est à la fois un enseignement et une jouissance : une jouissance, parce qu'elle aiguise le sentiment des formes artistiques ; un enseignement, parce qu'elle conduit à une conception des formes universelle et réfléchie. Nous nous contenterons d'indiquer quelques faits. Nous parlons de rythme dans les arts oratoires, mais les lignes aussi ont leur rythme. Il y a une harmonie des couleurs, mais il y a aussi une harmonie des sons et c'est à bon droit encore que l'on parle de l'harmonie des pensées et des sentiments; les différentes parties d'un édifice peuvent également se correspondre avec harmonie. Toutes les œuvres d'art ont une valeur qui consiste en leur disposition; d'un corps humain, d'un monument, d'un poème, d'un tableau nous pouvons dire avec autant de raison qu'ils sont beaux. S'il y a des éléments décoratifs dans l'architecture, il y en a aussi dans la poésie. Un drame a plusieurs plans, aussi bien qu'un tableau. Comme une ode, une sculpture peut être pathétique. Comme la chanson, le dessin peut avoir un mouvement lyrique. Un tableau, une symphonie, un poème, sont colorés. Toute œuvre d'art, à quelque genre qu'elle appartienne, que ce soit une sonate, un drame, un édifice, une statue ou un tableau, doit être sévèrement composée. Le sublime existe au même titre dans tous les arts. Toute œuvre d'art doit répondre aux exigences de notre entendement et de notre esprit : elle doit être neuve, variée, intéressante, intelligible, d'une solide unité, et il faut aussi que, d'un seul coup d'œil, on puisse embrasser l'ensemble. Enfin, sans parler de bien d'autres éléments, toutes les œuvres d'art ont un style, toutes expriment la personnalité de l'auteur et les caractères de son époque, de son milieu, de son école; toutes se plient aux exigences de la matière qui les constitue. Remarquer ces affinités, c'est en rendre la sensation plus intense et, d'autre part, à côté des ressemblances, faire ressortir les différences, c'est augmenter notre plaisir esthétique. Remarquer qu'en dépit de leur universalité, les formes esthétiques sont variables, est à la fois instructif et agréable. La comparaison donne à tous les sentiments plus de relief et elle place en même temps la réflexion esthétique sur le terrain même de la contemplation artistique, où elle peut porter ses fruits. En esthétique, en effet, nous ne parvenons à aucun résultat solide sans le secours de l'expérience concrète; l'enseignement esthétique serait tout à fait vain s'il ne sortait pas d'expériences esthétiques adéquates. Quant à la création artistique, si elle jaillit d'une source unique située dans les profondeurs de notre âme, elle se réfracte et se diversifie à travers la multiplicité des formes d'art et suivant la loi de chacune. Mais d'autre part, on peut, à travers ces différences, distinguer l'identité de la source première et cette remarque rend les sentiments plus vifs et la réflexion plus claire.

Mais pour acquérir au moins les germes de cette intuition, il faut, de toute nécessité, tendre, dans une certaine mesure, à l'éducation artistique intégrale.

EXPÉRIENCES PSYCHOLOGIQUES

On pourrait formuler de la façon suivante le troisième des grands points de vue auquel nous allons nous placer : l'éducation artistique doit être fondée sur de *véritables expériences psychologiques*. C'est de là qu'il lui faut partir ; ce sont ces expériences qu'il lui faut épuiser.

Qu'on ne soit pas choqué de cette expression : « expériences psychologiques » ; nous prenons le mot dans un sens très large, en y comprenant tout ce qui n'est pas du verbalisme creux, tout ce qui précède la contemplation, l'observation, la pensée et le sentiment. Entendue en ce sens, l'expérience constitue le seul principe fécond de tout enseignement et de toute éducation ; aussi le principe de l'éducation artistique est-il celui d'où part tout développement de l'esprit. Un des effets de notre système scolaire est de négliger trop facilement ce principe. Notre enseignement est fondé sur la communication verbale : c'est par des mots que le maître interroge sur ce qui a été appris; c'est par des mots encore que l'élève doit répondre; or, ni le maître, ni les élèves ne s'aperçoivent que, trop souvent, le mot en lui-même n'est rien, — bien mieux, qu'il est pire que rien, car il induit parfois en erreur. Quelle satisfaction remplit le maître et l'élève de l'ancienne école, quand celui-ci récite sans faute la leçon apprise, bien que cette récitation n'ait bien souvent d'autre profit que cette satisfaction même ! Tout comme un voyageur qui s'en irait, trottinant avec persévérance sur la route poudreuse, en oubliant le but qu'il voulait atteindre. Qui tient compte du but à atteindre dans l'enseignement des écoles? Le maître? Il est absorbé par son enseignement. L'élève ? Il marche les yeux fermés là où on le mène : et ce n'est qu'à la fin de ses études qu'il se demande parfois, non sans une pointe d'humeur : « Mais pourquoi ai-je appris tout cela? » Le directeur ? Il enregistre les actes. Les auteurs des programmes ? Ils marchent dans la voie de la tradition. Cependant, le verbalisme règne dans nos écoles; il s'enfle jusqu'à devenir un monde monstrueux et factice, fait de nuages et de prestiges, où l'esprit oublie le réel. Les forts savent en sortir à l'école de la vie ; ils le méprisent ; ils n'y pensent plus ; mais les faibles restent toujours sous son empire ; ce monde de fantômes se mêlant au monde des réalités finit par constituer leur étrange univers. Et c'est là ce qu'on appelle la culture de l'esprit !

Depuis qu'il y a des pédagogues qui pensent, on entend répéter sur tous les tons que l'enseignement doit avoir pour principe l'intuition de la réalité concrète ; mais le plus souvent on interprète ce postulat d'une façon bien mesquine : on entend par là qu'il faut employer dans l'enseignement des images. Mais ces images ne peuvent remplacer l'intuition directe des choses ; et d'ailleurs, s'il est aisé de recommander l'enseignement intuitif, il est plus difficile de suivre ce conseil, surtout quand l'enseignement verbal est si commode !

Mais l'intuition n'est pas le seul phénomène psychologique sur lequel doivent reposer l'enseignement et l'éducation ; elle est surtout insuffisante dans l'éducation artistique. Il nous faut encore tenir compte de trois autres séries d'expériences : l'*action*, *l'intuition proprement dite* et le *sentiment* ; l'action est à l'origine de l'intuition et du sentiment : aussi elle-elle la plus importante. Nous renvoyons à ce que nous avons dit ailleurs : nous sommes des organismes ; ces organismes ont des besoins ; ils sont disposés pour les satisfaire et c'est en les satisfaisant que nous prenons conscience de nous-mêmes. C'est un lieu commun que de dire : l'homme est un être intelligent ; il serait plus exact de dire : l'homme est un être agissant. L'intelligence elle-même se trouve incluse dans cette formule. « Au commencement était l'Action » : c'est le principe de toute connaissance. C'est au cours de l'action, c'est-à-dire quand nous nous servons des objets pour quelque entreprise que nous apprenons le mieux à les connaître. C'est alors que nous nous arrêtons à les observer, que nous les étudions sous toutes leurs faces, c'est alors que nous concentrons sur eux notre attention pour les analyser. L'attention se porte tantôt sur une partie, tantôt sur une autre ; elle s'arrête tantôt sur celle-ci, tantôt sur celle-là. En travaillant sur les objets, avec les objets, au moyen des objets, en les maniant, en les transformant, nous instituons des expériences au cours desquelles leurs qualités secrètes apparaissent. C'est ainsi que l'esprit se développe. C'est ainsi

que nous acquérons la connaissance immédiate et
intime des choses. Cette connaissance reste d'abord
à l'état latent ; elle ne s'exprime pas encore en
formules théoriques ; c'est pourquoi l'homme du
peuple ne sait pas disserter sur son expérience ;
mais pour être cachée, elle n'en est ni moins riche, ni moins vive, ni moins détaillée ; et c'est
elle qui dirige l'action avec la sûreté d'un instinct. Telle est la connaissance de l'artisan sans
culture, du paysan rude et fruste, connaissance
obstinée qui s'ossifie rapidement, que la parole
n'atteint qu'avec difficulté, connaissance rebelle
au changement, mais qui satisfait pleinement à
tous les besoins de la vie pratique. C'est ainsi
d'ailleurs que la connaissance intellectuelle et
théorique, est née, elle aussi. Ce n'est pas la
soif abstraite de la science qui l'a fait naître, ni
le désir de résoudre les énigmes du monde,
mais la nécessité où a été l'homme de résoudre
les humbles problèmes de la vie quotidienne, de
satisfaire à ses besoins. En luttant avec eux, en
cherchant à les satisfaire, en échouant dans ces
tentatives, l'homme a été forcé d'interrompre sa
besogne et de réfléchir sur elle, de tâtonner pour
trouver les causes de ses échecs et de s'élever

ainsi à la connaissance des qualités et de l'essence des choses. Ce sont les besoins naturels qui ont poussé l'homme à l'action, c'est par l'action qu'il est arrivé à la science ; alors quelques esprits, ayant goûté à sa coupe, ont pu oublier le principe et se plonger entièrement dans ces nouvelles délices.

Dès lors, pourquoi nous autres, qui parlons sans cesse d' « Evolution » et aimons à en déduire des règles de développement, pourquoi négligeons-nous ce principe dans nos écoles ? Pourquoi nous contenter de vaines paroles qui ne peuvent remplacer et compléter avec fruit la morale de l'action qu'à un stade avancé du développement intellectuel ? N'est-ce pas un exemple instructif et digne de remarque que de constater combien la connaissance des gens instruits par la pratique est solide et sûre, combien notre connaissance d'intellectuels même est plus pénétrante-et plus profonde si nous l'avons acquise par l'action, que de voir comment la connaissance en apparence la plus théorique et la plus abstraite n'est vraiment féconde qu'au prix d'un contact constant avec l'action et la réalité ? Introduire du nouveau dans l'univers en agissant sur les choses et en les transformant, n'augmente pas seulement l'adresse de la main, la sûreté du coup d'œil et l'empire de l'homme sur la nature; chaque expérience nouvelle stimule aussi sa pensée, féconde son esprit et l'amène ainsi par degrés à annexer sans cesse de nouvelles provinces du monde.

A ce point de vue, les expériences instituées dans le domaine de l'éducation esthétique sont instructives elles aussi. Si minces que soient les résultats obtenus pour la formation du goût littéraire, nous les devons aux exercices de style. Sans doute nos sujets (description du printemps, l'hymne national en prose, etc.) ne peuvent guère prétendre à l'épithète d'ingénieux. Ils n'en servent pas moins à astreindre les élèves à parler et à écrire en des termes choisis, à analyser les chefs-d'œuvre de nos classiques, à en imiter les formes, en un mot à manier la langue; celle-ci ne leur est pas moins utile pour les besoins de la vie pratique. Nous parvenons même à former chez les meilleurs de nos élèves un certain goût littéraire, surtout chez ceux qui pratiquent les langues classiques, car celles-ci les contraignent à plus d'objectivité et ont par elles-mêmes une grande valeur artistique. Si l'on étudie une langue étrangère avec désintéressement, on sent plus facilement sinon toutes les finesses de la langue, du moins l'art de la forme. D'autre part, le fait que la matière de la poésie (la langue) est la même que celle dont nous nous servons dans la vie pratique, a, au point de vue de la culture esthétique, la plus haute importance ; c'est là un nouvel exemple des rapports étroits qui relient le domaine du Beau à celui de la vie courante. C'est par là que ces deux mondes se pénètrent au point d'être presque inséparables ; la force et la beauté inhérentes à certaines expressions touchent même l'âme la plus primitive ; le paysan est ému par la forme artistique et le choix des expressions d'un sermon, par la force expressive du geste, il se sent transporté dans un monde supérieur ; aussi cette pauvre femme qu'on questionnait sur le sermon du nouveau prêtre, ne fut-elle pas si sotte de répondre : « Je ne sais pas ce qu'il a dit, mais comme c'était beau ! » L'enfant même qui entend à l'école les paroles simples, mais choisies du maître, en éprouve un certain recueillement. A l'effet du sermon se joignent le décor de l'église, l'ample sonorité de l'orgue et du chant : tout cela élève le cœur du simple, émoussé par le train de la vie quotidienne, à une sphère supérieure où il se sent redevenir meilleur, plus fort et plus pur et où il est plus facilement accessible à la suggestion des influences morales. Qu'on ne s'étonne donc pas de voir que c'est dans le même sens que l'école s'était efforcée tout d'abord de diriger l'éducation esthétique. La parole est pour tous une nécessité ; l'expression écrite de la pensée tend à le devenir : il était donc naturel de songer d'abord à rendre les jeunes esprits capables de goûter les beautés de la langue et du style.

Mais cet effort même ne nous suffit plus aujourd'hui : il est, en effet, contraire au principe de l'éducation esthétique intégrale ; d'une part, il enferme l'esprit dans des limites assez restreintes ; d'autre part, ce sont les beautés de la langue qui deviennent le plus facilement formelles et pour lesquelles notre sens et notre goût s'usent le plus vite. S'il n'est pas abreuvé à des sources un peu profondes, l'art littéraire dégénère en phraséologie, cette insidieuse ennemie de la vie véritable. Nous devons aussi rapprocher de la vie les autres formes de beauté ; or, plus les autres sources du beau tendent à se tarir, plus la nécessité de l'éducation esthétique devient impérieuse. Avec le développement extraordinaire de l'industrie et les conditions nouvelles de la vie économique, les suggestions esthétiques dans les arts manuels deviennent de plus en plus rares. L'art populaire est partout en train de disparaître. Nos maisons, nos habits, nos meubles sont uniformes ; la concurrence économique a forcé les producteurs à se désintéresser du goût individuel, de la personnalité dans le travail ; le costume populaire perd de jour en jour son originalité ; tout se ressemble, tout est à bon marché et facile à acquérir, mais tout aussi est si peu durable que la piété envers les choses disparaît dans toutes les classes de la société. On peut toute chose remplacer si aisément et sans peine par quelque objet nouveau ! Le vacarme charlatanesque de la vie moderne étouffe la voix discrète du plaisir qu'on prend au culte de la Beauté. Sans doute la vie moderne compense en partie ce désastre, en remplaçant les beautés perdues par des beautés nouvelles ; mais cette compensation ne sera intégrale que le jour où l'éducation esthétique sera devenue universelle et surgira, elle aussi, tout entière de la pratique et de l'action, comme le goût en littérature naît de l'exercice nécessaire

de la langue. C'est au choix et à la recommanda-
tion des sources qu'il nous faut nous appliquer
avec le plus grand soin.

LE DESSIN

Les arts plastiques doivent de nouveau s'unir
entre eux et se fondre avec la vie ; il faut les arracher à cette existence de musée où ils dégénè-
rent. L'architecture, la sculpture, la peinture et
les arts décoratifs doivent revenir à cette union
étroite qu'elles ont connu à l'apogée des arts
plastiques ; c'est par la culture intense du *dessin*
qu'il faut préparer le terrain sur lequel se refera
cette union. Le dessin, la peinture et le modelage sont les exercices, les « actions », qui fécon-
dent le sol où le sentiment artistique pourra
s'épanouir. C'est le terrain qui convient le mieux à
toute éducation artistique. En fait, il serait inutile
de s'étendre sur ce sujet, si ce n'était pas précisément chez les personnes autorisées qu'un si
grand nombre de malentendus se sont établis.
Notre point de départ doit être l'intérêt pratique
du dessin. On n'enseigne pas la rhétorique pour
former des écrivains, mais pour apprendre aux

jeunes gens à bien exprimer leur pensée ; l'importance pratique du dessin n'est peut-être pas aussi grande, mais elle croît de jour en jour et le dessin est aujourd'hui presque aussi nécessaire que l'écriture. Plus nous faisons appel à l'intuition dans notre enseignement, plus il importe que nos enfants sachent dessiner, d'abord pour avoir une idée juste de ce qu'ils voient, ensuite pour en garder le fidèle souvenir. Le fait que l'essor de l'industrie est fondé pour une grande part sur la connaissance et l'intelligence du dessin n'a pas, à nos yeux, moins d'importance. C'est à l'extrême sollicitude apportée par les Anglais à l'enseignement du dessin, né lors de leur première grande exposition et depuis lors en progrès continu, que l'Angleterre doit sa grande supériorité industrielle. Les travaux des écoles de dessin anglaises qui ont été exposés chez nous ont excité une vive admiration ; ces expositions ont même eu chez nous quelque effet pratique, mais les résultats sont encore insignifiants. En Hongrie, même à l'école primaire, on veut tout de suite former des artistes. Aussi avait-on coutume, dans nos écoles, de faire copier des tableaux de maîtres ; cet exercice prenait à l'élève beaucoup de temps et ne lui servait pas à grand'chose. On n'avait même pas réussi à donner à la main quelque adresse, parce que l'habileté que les élèves acquièrent par la copie, dans la copie, est aussi stérile que l'action de copier elle-même. Cet enseignement ne stimule pas l'initiative, qui est l'âme de toute action ; le plaisir du travail est fugitif; au bout de quelque temps l'élève éprouve à l'égard du modèle le sentiment de n'être qu'un serviteur qui, dans l'hypothèse la plus favorable, ne fait qu'approcher du maître. Comment un pareil enseignement pourrait-il exercer une influence vivifiante, fécondante et éducative ? Comment en attendre un effet pratique ? Le plus grand défaut de l'enseignement du style est aussi de ne pas puiser aux sources vives, de ne pas prendre les sujets de composition dans la vie de l'enfant, dans ses expériences personnelles. On lui demande de décrire le printemps, d'inventer des maximes de vie, d'analyser des états d'âme compliqués, d'écrire des traités d'histoire ! De même dans les écoles de peinture, où les compositions historiques — dans les écoles de sculpture, où les grands monuments — dans les écoles d'architecture, où des palais royaux — c'est-à-dire toujours les œuvres d'art les plus difficiles — sont proposées en modèles. Mais revenons à notre sujet et contentons-nous de déduire de ce qui vient d'être dit ce seul principe : l'enseignement du dessin doit, surtout dans les écoles qui donnent une instruction générale, être pratique, c'est-à-dire partir de la réalité immédiate et vivante, avoir pour horizon l'horizon même de la vie de l'enfant. Ce n'est qu'ensuite qu'on pourra se préoccuper du point de vue artistique : il devra se glisser furtivement et comme en contrebande dans l'esprit de l'élève et surgir des expériences accumulées par la pratique et l'action. Nous avons vu ailleurs que l'art lui-même ne s'est pas développé autrement : toute activité supérieure doit avoir ses racines dans la réalité concrète, dans le besoin. C'est à tort, par erreur et grossièreté d'esprit que l'on entend par caractère pratique de l'éducation, son application étroitement utilitaire ; il n'en faut pas confondre le principe et la fin : la pratique et l'action ne sont pour nous que des points de départ, des tremplins d'où nous nous élançons à la culture idéale de l'esprit. L'âme vraiment cultivée, par le fait même de sa culture, se fraiera sa voie dans la vie pratique. Il est bien entendu que la fin suprême de l'enseignement du dessin demeure l'art ; mais il aura en même temps pour effet, dès l'abord, de diriger, de développer, d'aiguiser l'intuition et de conférer à la main une véritable adresse. L'objet que nous voulons reproduire par le dessin, nous sommes obligés de le tourner, de le retourner, de l'examiner sous toutes ses faces ; nous luttons en quelque sorte avec lui ; nous le comparons à notre œuvre, nous instituons sans cesse de nouvelles expériences pour porter la ressemblance au maximum. En même temps, le monde des formes et des couleurs s'ouvre à nous avec toute la fécondité de sa richesse infinie ; nous ne sommes plus des spectateurs passifs dont l'attention est vite fatiguée et dont l'intérêt s'épuise vite ; nous sommes des chercheurs qui exercent leur initiative et s'appliquent activement à découvrir le sens des choses : notre talent, nos facultés créatrices, notre ambition, toute notre personnalité s'éveillent.

L'ENSEIGNEMENT DU DESSIN

Ce qui est avant tout nécessaire, c'est une direction pleine de sollicitude ; elle aura pour tâche d'abréger la route, de nous aider à triompher des plus grosses difficultés techniques, de nous garder, par une critique judicieuse, du danger de rester stationnaires; mais direction ne signifie pas tyrannie, et le maître doit laisser à l'élève assez d'initiative pour ne pas tuer en lui le sentiment de l'activité personnelle, sans lequel il n'y a pas d'enseignement fécond. Il vaut mieux s'égarer parfois que de suivre une route sûre, mais ennuyeuse, sous la conduite d'autrui. Le premier devoir du professeur de dessin sera d'inculquer à l'élève les éléments et, pour ainsi dire, l'alphabet de ce nouveau mode d'expression, de lui en apprendre le maniement pratique, de poursuivre à la fois le développement de l'intuition et la reproduction des choses dans l'originalité de leur caractère ou l'harmonie de leur beauté, d'aider en un mot notre initiative à se manifester dans ce domaine nouveau et à produire, au point de vue pratique, des effets utiles. L'utilité, l'application pratique des connaissances sont de puissants ressorts qui nous achemineront peu à peu vers des valeurs plus désintéressées et plus précieuses. Remarquons encore en passant qu'en projetant sur les âmes cette lumière nouvelle, nous découvrirons d'innombrables forces qui, à l'heure actuelle, restent enténébrées! Nous éveillerons des talents; quels ouvriers d'art, quels artistes n'aurions-nous pas, si l'enseignement du dessin faisait prendre conscience de leur vocation à des talents qui aujourd'hui s'ignorent! Les résultats déjà obtenus dans l'enseignement moderne et les écoles d'arts et métiers nous donnent une idée des dons naturels de notre peuple. Combien d'artistes n'ont pas gémi d'avoir perdu tant d'années sur les bancs de l'école, fermée à la magie des formes et des couleurs!

C'est un fait très caractéristique qu'on n'ait pas trouvé dans le plan d'études de nos lycées une place pour l'enseignement du dessin. On l'enseigne à l'école primaire et d'après de justes principes; au lycée on le néglige; le dessin y remplace le grec, et encore cet enseignement est-il facultatif. Il y a quelques années, lors de la révision du plan d'études, un certain nombre d'entre nous demandèrent qu'on fît une place à l'enseignement obligatoire du dessin. En fait, la proposition n'a pas soulevé d'objection sérieuse, mais le temps a manqué et les hommes du métier eux-mêmes n'ont pas insisté avec assez d'énergie. Qui donc, en effet, se ferait l'avocat d'une matière qu'on ne peut ni apprendre par cœur, ni faire réciter, ni introduire au baccalauréat? L'histoire de l'art, c'est une autre affaire; elle permet d'apprendre quelques douzaines de nouveaux noms, de dates, de faits et de phrases bien construites. Un pareil enseignement est bien en harmonie avec notre système secondaire; mais qu'aurait à y faire le dessin? Par système nous entendons, non pas les programmes d'études, ni même la méthode, mais un certain esprit d'abstraction et de verbalisme qui ne tient ni aux programmes, ni aux méthodes et gâte, au contraire, ce qu'il y a de bon en eux. Ce système, nous devons exiger qu'on le change, nous devons exiger qu'on rende l'enseignement vraiment vivant et pratique et, tout d'abord, jusqu'au jour où nous serons arrivés à convaincre l'opinion publique et à préparer une réforme radicale, nous devons demander qu'on introduise l'enseignement obligatoire du dessin dans toutes les écoles de culture générale. Il faut que les enfants apprennent à exprimer la pensée avec des mots et l'intuition avec des lignes, plus tard avec des couleurs. Ces deux fins ne sont pas d'une réalisation facile, elles demandent beaucoup d'exercice; le paysan qui ne sait pas s'exprimer, l'homme instruit qui ne sait pas dessiner sentent également leur impuissance qui fait sourire les habiles. Le style, le dessin, voilà les seules « actions » d'où jaillit le sentiment esthétique ; mais il n'en jaillit pas tout d'abord. Le travail de la composition favorise l'exercice de la pensée, la fixation, la distinction et la liaison des idées ; le dessin aiguise la perception, l'intuition et l'analyse des objets. Dans la vie, ce sont les objets qui marquent et c'est sur leur trace que jaillit le sentiment esthétique. Mais ceci encore montre ce qui importe au point de vue théorique : l'essentiel, c'est l'intuition ! C'est d'abord dans le monde intuitif qu'il faut se sentir à l'aise, pour que la réflexion abstraite soit conforme à la réalité, pour qu'elle soit forte et féconde. La pensée sans l'intuition, c'est une illusion sans consistance : il est vrai que l'intuition non plus ne se suffit pas à elle-même et qu'il lui faut, pour couronnement, la pensée ; mais il est plus facile d'arriver à la pensée en partant de l'intuition qu'il n'est aisé d'arriver à l'intuition en partant de la pensée. L'intuition nous suggère la pensée qui nous permet de la comprendre ; mais la pensée livrée à elle-même, et surtout la parole, bien loin de nous suggérer toujours l'intuition adéquate, nous en écartent souvent au point de la faire oublier. Voit-on jamais les radoteurs, les phraseurs, les rhéteurs, les bavards se critiquer eux-mêmes et chercher le substrat intuitif de leurs pensées ou de leurs paroles ? Les élèves de nos lycées apprennent bien à disserter, mais leur sens du réel s'émousse de pitoyable manière.

Quant à l'intelligence des arts plastiques, nous n'y amènerons jamais la moyenne de nos élèves sans l'enseignement du dessin. C'est la voie la plus sûre et la plus courte ; et nous qui avons été obligés de nous en passer, nous sentons vivement cette lacune. Nous pourrions aussi parler du modelage, mais il n'a pas la même importance pratique ; nous n'avons plus ici de point de départ essentiel : le modelage peut, dans une certaine mesure, mais dans cette mesure seulement, rendre des services analogues à l'enseignement du dessin ; il n'a pas la même valeur pratique ; aussi, la place qu'on lui réservera dans les instituts de culture générale ne sera-t-elle, pour l'instant, que secondaire ; la pratique intensive n'en est à la por-tée que de talents marqués. En résumé, le dessin et la parole appartiennent à deux mondes différents : l'un conduit par l'action dans le monde intuitif, l'autre dans le monde intellectuel ; le moyen le plus sûr de pénétrer dans ces deux mondes est de ne pas se contenter d'une attitude passive par rapport au discours entendu et à la forme vue, mais de se frayer activement une route, c'est-à-dire de parler, d'écrire et de dessiner. Chronologiquement, la parole vient la première, mais la place essentielle appartient au dessin ; il ouvre en effet le monde intuitif, c'est-à-dire l'antichambre du monde intellectuel. Quant à la nécessité du talent, il n'en faut ni plus ni moins pour dessiner que pour écrire : il est des dons moyens que chacun possède.

Nous n'étudierons pas ici le côté artistique de l'enseignement du dessin ; nous ne montrerons pas comment il apprend l'art de la composition, c'est-à-dire l'art du style, au sens large du terme ; nous ne montrerons pas non plus comment il amène l'élève à comprendre le style et la composition. Ces questions de détail viennent d'être traitées chez nous aussi d'une manière excellente. Mais l'enseignement artistique proprement dit ne peut que suivre l'enseignement pratique ; c'est de lui qu'il doit sortir et c'est d'une manière presque insensible qu'il doit s'introduire dans l'esprit de l'élève. Il arrive d'ailleurs déjà que, même dans le dessin pratique, on trouve parfois du style.

INTUITION [1]

Il nous faut dire encore quelques mots de l'intuition, surtout pour écarter de dangereux malentendus. La véritable méthode de l'enseignement intuitif n'est pas d'inviter les élèves à regarder tel ou tel objet puis à rendre compte de ce qu'ils ont vu. C'est une méthode de ce genre qu'on emploie aujourd'hui et ce n'est pas la bonne. L'enseignement intuitif ne consiste pas non plus à montrer à l'élève ce dont parle le professeur et à faire défiler rapidement sous ses yeux une série de tableaux qui ne laissent pas de trace dans l'esprit. On considère ces procédés comme de grandes conquêtes, très propres à guérir radicalement tous les maux. L'intuition de l'image ne remplace pas l'intuition de l'objet lui-même, surtout dans les débuts de l'enseignement, au moment où les souvenirs et les connaissances, susceptibles de ra-

---

1. Par ce mot nous désignons toujours la *perception sensuelle*, c'est-à-dire *l'expérience des sens*.

viver une pure image, ne sont pas encore emmagasinés dans l'esprit.

Que nous apprennent ces panoramas qui font défiler sous nos yeux des villes et des contrées entières? Ce ne sont pas seulement les couleurs qui leur manquent, mais la vie même de la réalité qui donne à l'impression sa force et sa durée. Bacon, il y a plus de trois siècles, nous a indiqué la bonne voie, mais n'a pas réussi à nous assagir tout à fait. Déjà à son époque, il y avait longtemps qu'on répétait : il faut partir de l'expérience. Bacon a ajouté : C'est vrai, mais il faut partir de l'expérience *sage*, de l'expérience *active*, il faut faire *des* expériences. Il en est de même de l'intuition. C'est de l'intuition active qu'il faut partir. Dans l'éducation, il n'y a qu'elle qui ait une valeur véritable, cette intuition qui naît d'une observation volontaire et consciente, où notre esprit se sent actif. C'est surtout l'intuition comparative, destinée à faire ressortir les ressemblances et les différences entre deux objets, qui est dominée par des points de vue intellectuels. Dans ce genre d'opération, il faut chercher des formes de comparaison dans les expériences antérieures et les connaissances acquises : le résultat, qu'il soit conforme ou contraire à l'attente, se grave profondément dans l'esprit, se sépare du reste et laisse dans la mémoire une image très vive. Dans le cas contraire, seules, les fortes excitations sensibles, les couleurs criardes, les voix aiguës, les formes bizarres, les traits extraordinaires, même sans importance, détermineront une impression notable. C'est un fait connu que l'enfant, l'homme inculte ou troublé par quelque surprise, donnent une description très défectueuse de ce qu'ils ont vu ou entendu. Il n'y a que l'œil exercé qui voie vraiment, l'oreille formée à la musique qui retienne ce qui en vaut la peine ; pour les sens incultes, les impressions ne s'analysent pas et forment un chaos confus dont il est impossible de rendre compte. Voir ainsi, n'est pas vraiment voir, c'est regarder en badaud ; celui qui regarde ainsi peut parcourir le monde, il ne tirera pas grand profit de ses voyages. Nous le répétons sans cesse : tout notre système scolaire fait perdre à l'enfant une vue juste et nette des choses, une vue active, stimulée par l'effort de l'attention. La parole coule si aisément et son emploi est si facile, l'élève trouve tant de plaisir à lier les mots d'une façon, en apparence, intelligente et significative,

tant d'aisance à satisfaire ainsi son maître et à se
faire entendre de camarades formés par la même
discipline, qu'il est presque embarrassé de ses
sens. Schopenhauer explique le caractère intuitif
de son style et l'objectivité de sa pensée par ce
fait que, dans son enfance, il n'avait pas été soumis à l'enseignement régulier de l'école et n'avait
comblé que plus tard les lacunes laissées par ce
défaut d'instruction. Descartes, ayant achevé ses
études et trouvant sans valeur la science scolas-
tique, apprend à lire dans le livre du monde; un
tel geste nous émeut. Ce n'est pas un simple effet
du hasard, si deux des plus intuitifs parmi nos
poètes, Petœfi et Arany, ont plus appris de la
nature que des livres. C'est un fait très caractéristique enfin que les meilleurs esprits ont, en
sortant du collège, comme soif d'expérience concrète et qu'ils sentent obscurément le vide de ce
qu'ils ont mis tant de temps et eu tant de peine à
apprendre au lycée.

C'est surtout le monde des formes et des couleurs qui reste fermé à nos élèves; en face d'un
tableau ils cherchent l'anecdote qu'on peut résoudre en paroles; — je ne sais ce qu'ils observent
dans la statue, peut-être bien le costume; — quant

au nu, nous savons pourquoi il les intéresse ; dans l'édifice, c'est à peine s'ils discernent quelques éléments ; ce qui leur en impose le plus, c'est la grandeur. Le point à noter c'est donc que voir, en soi, n'est rien ; il faut savoir voir et pour cela il faut apprendre ; il faut soumettre la vue à une discipline, l'œil à la pensée. C'est pourquoi le rôle de l'école est ici très grand : c'est à elle de donner aux élèves les notions intellectuelles destinées à diriger les fonctions sensorielles ; à elle d'éveiller leur intérêt pour ces notions, de leur enseigner l'application et de faire ainsi, d'une intuition nette et précise, une indestructible habitude de l'esprit. Quand nous en sommes réduits à créer nous-mêmes cette habitude, seuls, sans direction, sans aide, sans secours, à travers mille tâtonnements, mille échecs et mille erreurs, combien ne perdons-nous pas de temps et de forces ! L'école doit nous aider à franchir cette passe difficile ; or, c'est un point que néglige notre système scolaire actuel ; il nous dirige, au contraire, de telle sorte, que ceux qui furent formés à l'école de la vie nous surpassent, nous autres, de cent coudées et que nous nous sentons, à côté d'eux, impuissants et gauches.

SENTIMENT ESTHÉTIQUE

L'action et l'intuition ne constituent pas encore le *sentiment esthétique*, mais elles en sont les conditions nécessaires : le sentiment esthétique les suit naturellement. Nous n'avons pas à traiter ici des sentiments esthétiques en général, de leurs différentes espèces, de leur évolution, de leur persistance, de leur dégénérescence : c'est l'affaire de l'esthétique ; nous n'avons ici que quelques mots à dire de l'éducation du sentiment esthétique. Nous avons vu que les sentiments accompagnent toutes les manifestations de notre nature physique et psychique ; les plus objectifs et les plus doux de ces sentiments sont ceux qui accompagnent l'exercice de la vue et de l'ouïe considérées en elles-mêmes : ce sont les sentiments esthétiques. Pour les éveiller, point n'est besoin d'enseignement, de persuasion ou de suggestion ; si la vue et l'ouïe sont claires, précises, objectives et capables d'analyse, ces sentiments apparaissent ; l'éducation n'a pour tâche que de préparer les voies : donner à l'élève confiance en lui-même, écarter les obstacles et fixer les effets. Celui qui voudrait faire davantage, ne distinguerait pas la véritable essence de l'impression esthétique et formerait soit des hypocrites, soit des sceptiques.

LA NATURE

L'âme de l'enfant doit s'habituer avant tout de *jouir des beautés naturelles*. C'est aussi bien le fond de l'art que celui de la jouissance artistique. Mais il ne faut pas que ce développement naturel soit conduit d'une main indiscrète ni rude. S'il insiste sur la beauté des choses, le maître peut obtenir que l'élève, en l'imitant, insiste sur elle, lui aussi ; mais si l'impression correspondante, c'est-à-dire un sentiment marqué, n'existe pas ou n'est pas éveillé dans l'âme de l'élève, ce flux de paroles ne signifie rien : il arrête même l'évolution esthétique. Une intervention aussi brutale dans la vie morale de l'élève anéantit ses propres suggestions. Le sentiment esthétique ne naît qu'avec douceur et il ne se développe que si on ne le froisse pas du dehors, si on abandonne presque l'âme à ses propres forces et si on ne la dirige qu'avec une très grande sûreté de main. Pour la vue, par exemple, on se contentera d'habituer l'âme de l'enfant à diriger son attention sur la richesse infinie du monde, des couleurs et des formes ; dès que cette attention sera assez exercée, la sûreté de la conception, le jugement esthétique, la distinction de ce qui plaît ou ne plaît pas apparaîtront sans tarder. Dans un objet, ce qui plaît, c'est tantôt une qualité, tantôt une autre ; le goût s'enrichit et devient éclectique ; l'esprit apprend à jouir de la petitesse et de la grandeur, de la faiblesse et de la force, de la grâce et du sublime de la beauté dans sa variété tout entière. La nature tient donc, dans l'éducation du sentiment esthétique, la place la plus importante. Partout, en effet, dans la nature, la beauté s'épanouit à nos yeux. Là où il y a des formes et des couleurs, là où l'infini de l'espace s'ouvre à nos regards, là, il y a de la beauté : l'arbre qui se dresse, l'herbe qui se cache, la fleur dans sa modestie ou dans son éclat, la fuite des nuages, l'infini du ciel, les ondulations de la plaine, l'essor de la colline, la grâce de l'oiseau, la couleur du scarabée, tout renferme quelque élément de beauté : il suffit d'apprendre aux hommes à le découvrir. La plupart d'entre eux errent parmi ces richesses, en aveugles, les yeux ouverts. Il est vrai que, même avec l'éducation la plus soignée, tout le monde ne sera pas également disposé à goûter les beautés des choses ; le goût de la nature dépend, non seulement de nos dispositions et de notre éducation, mais encore de l'époque à laquelle nous vivons. Il y eut un temps où ce qui plaisait, c'était non pas le romantisme de la montagne, mais la prose des campagnes et des plaines : le goût de l'époque maintient l'individualité dans certaines limites. Les individualités aussi sont différentes. Puisque la beauté de la nature, comme celle de l'art, n'est que la projection sur le monde de nos sentiments intimes, c'est, en fin de compte, à l'image de notre âme que nous créons notre art. Mais c'est ainsi que l'individualité se développe et le milieu apporte sa note à cette symphonie, éternellement renaissante, du Beau. D'ailleurs, nous ne pouvons pas encore savoir à quoi l'éducation aboutira, puisque l'humanité n'a encore jamais été « élevée » au vrai sens du terme. Il n'est qu'un petit nombre de phénomènes pour lesquels nous pouvons pressentir que l'éducation — bien qu'à cet égard même, elle ne soit pas toute-puissante — est cependant susceptible de pousser les limites de notre développement plus loin que ne l'a fait le hasard auquel l'évolution humaine a été abandonnée jusqu'ici. Le goût de l'homme moderne est d'ores et déjà beaucoup plus éclectique que ne l'était le goût des époques antérieures. Nous savons jouir aussi profondément des beautés les plus différentes de la nature et, en architecture, en peinture, en sculpture des styles les plus divers ; au concert, nous ne sommes pas choqués de voir Bach et Haydn coudoyer les modernes ; en poésie, enfin, une âme cultivée sait aussi bien goûter la grandeur de Shakespeare que l'austérité d'Ibsen ou l'esprit d'un dramaturge français. Il est probable que les différences d'individu à individu, de nation à nation, d'époque à époque ne s'effaceront jamais complètement ; mais il est loisible d'ouvrir peu à peu notre âme à plusieurs genres de beauté. De tout temps, l'esprit de l'homme cultivé a été plus compréhensif que celui de l'homme sans culture et, pourtant, nous n'avons encore jamais fait l'expérience d'une éducation esthétique de l'humanité. Mais nous savons déjà que les grands artistes ont su faire éclater à bien des yeux des beautés toutes nouvelles dans la nature ; or, on ne peut attribuer entièrement ce résultat à la mode ou à l'imitation mécanique. Il suffirait, pour résoudre le problème, de trouver les principes directeurs de l'éducation esthétique, car l'essence de l'éducation, c'est le caractère pratique des directions qu'on lui imprime. Ce problème, nous ne pouvons pas entreprendre de le résoudre ici ; c'est l'affaire de l'avenir ; nous essaierons néanmoins d'en fixer quelques éléments.

L'ÉVOLUTION DE L'INDIVIDUALITÉ

Un des principes les plus importants de l'éducation du sentiment esthétique est le suivant : *l'éducation esthétique doit suivre le développement de l'individualité*. La nature et l'art offrent leurs phénomènes et leurs créations à l'esprit qui doit les sentir, mais l'esprit ne les sent qu'à la condition de satisfaire à certaines nécessités. Ces nécessités sont multiples : elles sont à la fois extérieures et intérieures, occasionnelles et constantes. Ce sont les nécessités intérieures qui nous intéressent surtout ici. On se rend compte dès l'abord que l'enfant ne peut sentir profondément les beautés d'un chef-d'œuvre ; mais l'adulte ne le peut pas davantage si son esprit n'a pas atteint un certain degré de développement. La raison en est que l'art donne une expression sensible aux sentiments vitaux de l'individu. Pour qu'on arrive à goûter la beauté d'une œuvre d'art, il faut un certain minimum de vitalité. Celui qui n'éprouve pas en lui-même ces sentiments vitaux, ne les retrouvera pas dans l'œuvre d'art. Il est vrai qu'avec l'extraordinaire puissance de ses moyens d'expression, l'œuvre d'art peut éveiller en nous les sentiments qui y sommeillent ; elle ne saurait cependant les susciter, c'est-à-dire les faire naître de rien. Il faut qu'il existe déjà en nous le germe, la virtualité de ces sentiments. Pas plus qu'ailleurs, la nature ne procède pas ici par bonds. Si ces germes existent, l'œuvre d'art nous en fait prendre conscience, nous les révèle à nous-même. C'est par là que se manifeste la force individualisatrice de l'art. C'est ainsi que de grandes œuvres et de grands artistes peuvent être les éducateurs de la nation qui les a vus naître et même de toute l'humanité : l'art grec, la Bible, Shakespeare, Molière, Raphaël, Michel-Ange jouent ce rôle depuis des siècles. Mais nous ne devons aller à ces maîtres que préparés à les entendre ;

autrement nous ne les comprendrons pas ou nous comprendrons autre chose que ce qu'ils nous disent. On prétend que les grands artistes et les grandes œuvres parlent différemment à chaque âge de la vie humaine et à chaque époque de l'humanité : ils seraient comme ces grands spectacles naturels qui, vus de points différents, nous découvrent sans cesse des beautés nouvelles. Petœfi fait les délices des jeunes gens et des vieillards ; il enflamme le soldat de la guerre pour l'indépendance, il enchante ses arrière-petits-fils. Le Tátra, vu de la vallée, offre un spectacle magnifique, à la fois un et continu ; je le vois tout autrement quand je suis au bord d'un de ses lacs solitaires et quand je puis toucher du doigt la paroi crevassée de ses roches ; si enfin je regarde, du haut de quelque sommet, la foule de ses rocs escarpés et de ses pics, je ne reconnaîtrai plus dans cette image ce que j'ai vu de la vallée. Quelle est la véritable image de la montagne ? Elles ont toutes une égale valeur ; aucune d'elles n'est plus *vraie* que l'autre ; car le point de vue d'où je contemple ce spectacle est purement subjectif ; mais quand j'observe une œuvre d'art, il n'en est plus ainsi ; le point de vue auquel je dois me placer n'est plus abandonné aux suggestions arbitraires de ma personnalité ; il m'est indiqué par l'œuvre même ; j'ai ici à rechercher le sentiment d'autrui, celui que l'artiste a incorporé à son œuvre : tout autre point de vue n'aurait qu'une valeur individuelle et subjective. Ce que nous cherchons dans l'œuvre d'art, c'est ce point de vue objectivement vrai, immanent à l'œuvre même et c'est lui que nous voulons découvrir à tous au moyen de l'éducation esthétique. De même qu'il n'y a qu'un point de l'espace d'où je puisse observer parfaitement un tableau, ou une statue, de même il n'existe qu'un seul point de vue intellectuel d'où je puisse apprécier convenablement l'œuvre d'art. Ce serait une grosse erreur que de vouloir *imposer* aux gens la jouissance artistique ; à peu près comme si je prenais les mathématiques supérieures pour introduction à l'étude des mathématiques élémentaires. Dans l'enseignement littéraire, il nous arrive souvent aussi de commettre cette faute. Nous faisons lire à l'enfant des chefs-d'œuvres qu'il n'est pas préparé à comprendre ; et quand il serait en âge d'y prendre goût, le souvenir amer de ces premières expériences le détourne de les relire. Quel intérêt peut avoir une histoire d'amour pour l'enfant qui ignore ce sentiment ? Comment celui qui n'est qu'au seuil de la vie morale, pourrait-il sentir l'âpreté des conflits moraux ? Comment le caractère d'un tableau apparaîtrait-il à celui dont le caractère n'est pas encore fixé ? Si une âme raffinée sait goûter la naïveté de l'art primitif, croit-on qu'il produise le même effet sur l'âme qui est en train de se développer et, partant, assez encline à mépriser cette naïveté même ? Nous traînons nos enfants dans les musées ; nous leur faisons lire des bibliothèques, et c'est ainsi que nous prétendons les initier au culte de la Beauté. Ils n'en ressentent que fatigue et désenchantement ; sans doute, en présence de notre enthousiasme, n'osent-ils pas bien souvent se l'avouer à eux-mêmes. Mais l'effet n'en est pas moins sensible. Tout ce qu'il est permis de dire, c'est que les degrés de l'éducation artistique ne sont pas aussi nettement marqués que ceux de l'enseignement des mathématiques ; que l'âme saine est capable de trouver elle-même sa voie, en assimilant ce qu'elle peut saisir et rejetant ce qu'elle ne comprend pas ; des germes qui, déposés un jour au fond de l'âme, n'avaient pas encore levé, poussent tout à coup quand la saison est venue, et il serait malheureux de ne pas les avoir recueillis ; d'obscures aspirations s'éveillent en nous et nous font désirer la lumière ; dans les profondeurs de l'Inconscient, s'accumule une substance qui prend feu, un beau jour, on ne sait comment ni pourquoi. Il en est de l'âme comme des arbres qui ne se développent pas suivant des lois d'une rigueur mathématique, ni dans une atmosphère où l'humidité et la lumière leur seraient savamment mesurées : on ne peut tracer à l'évolution de l'humanité que des directions générales et non pas un programme détaillé ; les individus ne se ressemblent pas, chacun a ses besoins et ses conditions de développement ; formuler des règles universelles nous inciterait peut-être à un pédantisme mortel pour les germes que nous voudrions développer. Qu'on nous permette cependant d'indiquer quelques principes tout à fait essentiels de l'éducation esthétique. Entre un pédantisme méticuleux et un hasard tout à fait arbitraire il existe un juste milieu : on peut le déterminer au moyen de certaines inductions psychologico-esthétiques.

L'ENFANT ET LA NATURE

Nous ne pouvons pas étudier ici l'éducation esthétique de l'enfant dans les premières années de son existence : en un âge si tendre l'éducation esthétique ne serait qu'une mauvaise plaisanterie. Le sentiment esthétique naît d'une contemplation calme, fidèle et attentive des choses ; or, l'enfant n'apporte à l'observation ni le calme, ni la précision nécessaires. Il se contente de jeter sur les choses un coup d'œil distrait ; aussi n'en garde-t-il qu'une image très schématique, une image que l'analyse n'a pas fouillée. L'exercice de l'analyse suppose que l'œil et l'oreille soient déjà au service d'une intelligence assez développée. Or, au début de la vie consciente, seules les excitations très vives attirent l'attention de l'esprit et soutiennent quelque temps son intérêt. Le plus souvent, l'enfant, naturellement léger et distrait, ne s'attarde pas à l'observation du phénomène normal, pas plus qu'il ne s'attache au détail des choses. On voit par ses dessins combien ses images et ses souvenirs sont schématiques et sommaires ; quelques lignes suffisent à satisfaire son instinct artistique. De même, la cuillère à pot jouera le rôle de poupée, le bâton remplacera le palefroi. La tâche de l'éducateur consiste donc ici à amener l'enfant, lentement et par degrés, à cette intuition calme et objective, dont il est si loin dans le premier âge. La tendance la plus marquée de l'âme enfantine est, en effet, une tendance au mouvement : c'est un besoin, chez l'être jeune, que de s'agiter, de se déplacer, de faire valoir son individualité d'une façon ou d'une autre. L'enfant veut être libre : il veut disposer sans entraves de son corps et des choses. Il fait le premier pas vers l'individualisation. Nous l'avons dit et nous le répétons : avant d'être un être pensant, l'homme est un être agissant ; il tend à pérsévérer dans son être, il cherche à s'orienter dans le monde, il veut développer sa nature et aussi prendre conscience de soi. Pour réaliser ces fins pratiques, il lui faut aussi connaître les choses, mais il n'en retient d'abord que juste ce qui est nécessaire à ses fins. Après avoir satisfait aux besoins les plus urgents, l'instinct de l'action cesse pendant quelque temps de se faire sentir : alors la curiosité s'éveille ; l'enfant examine, observe, étudie, analyse les objets sans poursuivre, dans cet exercice, la réalisation intéressée de quelque fin pratique. A ce moment, il complète les connaissances déjà acquises par l'exercice de l'instinct pratique ; cet instinct change de caractère ; il devient plus désintéressé, plus raffiné, plus subtil : il devient, en un mot, l'instinct de connaissance. La volonté de disposer pratiquement des choses se transforme en une tendance à s'en emparer par l'esprit, à une sorte d'annexion idéale. Cette idéalisation de l'instinct suit elle-même une marche organique et lente que l'éducateur ne doit pas brusquer ; on ne se doit pas attendre, par exemple, à ce que l'enfant ait dès l'abord et très rapidement le sentiment désintéressé des beautés naturelles. A l'origine, s'il aime les champs, c'est parce qu'il y peut courir, les fleurs, parce qu'il peut les cueillir. Que les adultes s'extasient sur les beautés de la nature, lui semble aussi étrange qu'au paysan, absorbé par d'autres soucis. Comme nous ne pouvons rien changer à l'ordre éternel des choses, contentons-nous de surveiller la marche naturelle de l'évolution et d'écarter les obstacles qui s'opposeraient à son progrès.

LE JEU

Ce n'est pas l'intuition objective qui introduit l'enfant dans le domaine de l'art, mais le *jeu*. Le jeu, en effet, ressemble à l'art. On peut le définir l'art de l'enfant. Comme l'instinct d'activité chez l'enfant, cet instinct, grâce auquel l'être jeune fait valoir et développe son individualité, trouve peu à s'exercer dans la vie réelle où d'autres s'occupent pour lui de satisfaire ses besoins, il se déchaîne dans le jeu. Dans le jeu, l'enfant imite et parodie les grandes personnes; il les parodie à son insu avec un sérieux comique et touchant. En sautant, en dansant, en jouant au chat perché, il transforme en jeu les mouvements qu'il a déjà appris, mais dont il ne peut pas encore tirer parti. Il construit bien vite un monde imaginaire, le monde du jeu, et plus celui-ci diffère du monde ordinaire, où son instinct d'activité et d'autonomie trouve si peu à s'employer, plus il éprouve de plaisir à y vivre. Les occupations habituelles de la vie, dîners, promenades, repos, sont pour lui autant d'interruptions désagréables de sa vie vraie. Dans la vie réelle, c'est à lui qu'on commande ; à ses poupées, c'est lui qui commande. Dans la vie réelle c'est lui qu'on habille ; dans le monde du jeu c'est lui qui habille ses poupées. Quels drames ne se passent pas dans ce monde du jeu ! L'enfant y apprend l'illusion : il sait bien que ses poupées ne mangent pas, il les nourrit tout de même ; et malheur à l'importun qui vient le déranger et l'arracher à ce monde de l'illusion! Or, qu'est-ce que tout cela, sinon de l'art ? L'art, n'est-ce pas, en effet, la création d'un monde imaginaire, la projection dans le concret de sentiments très vifs, leur réalisation matérielle ? L'enfant est à la fois architecte et sculpteur, peintre et artisan ; il fredonne, il chante, il invente des fables et compose des drames ; il s'en fait lui-même l'acteur ; il se pare, se compose des costumes, et joue des rôles. Tous ces faits favorisent à la fois son évolution pratique et son évolution esthétique. Il met une adresse de plus en plus grande à diriger son coup : en jouant avec les choses, il apprend leurs particularités, les regarde, les observe pour éviter de nouveaux échecs ; il finit par les examiner en elles-mêmes et le sentiment esthétique s'éveille. Les remparts qu'il a bâtis lui-même lui plaisent non seulement parce qu'il en est l'auteur, mais aussi parce qu'il éprouve du plaisir à en contempler la grandeur ; les formes qu'il moule dans le sable le flattent par l'agrément de leurs contours ; le château de cartes qu'il a édifié, lui semble magnifique ; le chien qu'il a dessiné vit d'une vie admirable, puisqu'il la lui a insufflée ; le rythme de ses sentiments trouve à s'exprimer par le chant ; au théâtre, après avoir poussé des exclamations de frayeur et de joie, après avoir raisonné et grondé à la mesure de son âme, il est pris tout entier par les péripéties de l'intrigue et l'intérêt du dénouement. Observez l'enfant qui joue et vous comprendrez la naissance de l'art : vous verrez quel rapport étroit le rattache à l'instinct d'activité qui vibre au cœur de l'être jeune ; vous verrez comment il se crée son monde esthétique. Où trouver pour l'éducation esthétique un meilleur point de départ ?

LA FABLE

Un nouvel élément intervient encore : le plaisir de la fable. Le pédantisme ne cesse de se récrier contre la place faite à la fable par la pédagogie et invoque pour l'écarter, les fins sérieuses de l'éducation et cette lutte pour la vie à laquelle il faut, selon lui, préparer l'enfant dès l'abord, en éliminant la fantaisie. C'est là une de ces opinions dangereuses, parce qu'avec un grain de vérité elles font passer une grosse erreur. Il faut reconnaître que, parmi les adultes, fussent-ils écrivains de métier, il y en a peu qui sachent conter pour les petits. Sans doute, les enfants constituent un auditoire indulgent et attentif quand on commence par : « Il était une fois... », mais ils jouissent aussi des douceurs pernicieuses. Les fables inventées par les grandes personnes sont généralement ou très plates, ou tout à fait folles. A la première catégorie appartiennent la plupart des contes enfantins (celui de M. F. Molnár, intitulé : *Les enfants de la rue Pál*, est une brillante exception) ; à la seconde appartiennent plus particulièrement les contes de fées et leurs cousins germains, d'une invention généralement si pénible et d'un style bien lourd. A l'enfant convient cette partie des contes populaires où la fantaisie des humbles a trouvé une expression significative, œuvres anonymes et collectives, dont la vitalité a été assez éprouvée par leur persistance à travers les siècles. Il convient sans doute d'en éliminer les grivoiseries et tout ce qui, pour l'imagination de l'enfant, ferait tache ; mais l'enfant et le peuple ne sont pas de parents éloignés. Tous deux aiment le merveilleux, les détours de l'intrigue, les catastrophes inattendues, les bergers portés au trône, les pauvres qui, brusquement, deviennent riches. Ils ignorent ou veulent ignorer l'ordre nécessaire de la nature, le caractère invariable des lois naturelles, les nécessités supérieures de l'ordre social. Le peuple aime à fuir le cercle banal de la réalité journalière pour ce monde prodigieux où vivent des êtres très forts, très bons, très intelligents et aussi des êtres foncièrement pervers, mais que leur perversité même mène à la ruine. La puissance d'illusion est encore plus forte chez l'enfant : dans son monde à lui, il faut que tout se passe selon ses désirs, que tout le monde soit récompensé ou puni ; on y voit aussi couramment les animaux agir, parler, tromper, mentir, jouer des rôles héroïques, tout comme des êtres intelligents. L'enfant alors oublie tout du monde réel pour ne plus vivre que dans ce monde illusoire ; et il n'a pas besoin de machines ni de décors : la richesse de son imagination suffit à rendre l'illusion complète.

Le jeu, l'art et le chant dont nous n'avons pas à parler ici en détail, sont les grands éducateurs esthétiques de l'enfant. Sans y chercher la beauté, il l'y trouve. Il ne se propose d'abord que de développer son *moi* et, en effet, il y réussit, mais il en arrive bientôt non seulement à s'oublier lui-même, mais à se donner, à exprimer ses sentiments, à les ressentir avec plus de profondeur, et à vivre d'une façon intense. Qu'est-ce donc sinon de l'art, sinon l'aurore de la beauté ?

Et pour tout cela il a à peine besoin d'un guide. Les enfants apprennent à jouer les uns des autres ; ils entendent les contes et les chants populaires. La nature a pourvu presque seule à la formation esthétique. Le bébé lui-même commence à jouer et il n'est pas d'exemple que le gamin le plus pauvre et le plus déshérité n'en trouve le moyen et l'occasion.

Mais, ensuite, c'est la vie, l'intervention des grandes personnes et de l'école qui détruisent cet heureux monde de rêve. La vie, passe encore ! Il faut bien que l'enfant apprenne à la connaître pour s'y faire sa place au soleil. Mais alors, chez la plupart, c'en est fait de ce sentiment de supériorité qu'on éprouvait dans le monde du

jeu ; c'en est fait de cette ardeur triomphante
que l'on mettait à bâtir des remparts et à sculpter
des formes dans le sable, à faire des plaisante-
ries et à en écouter d'autres. La vie force l'homme
à se ratatiner ; elle le comprime : trop heureux
s'il parvient à gagner le pain de chaque jour.
Même dans ces circonstances défavorables, il ne
renonce pourtant pas au monde esthétique dont
quelques chauds rayons lui arrivent furtivement.
La vie religieuse est tout imprégnée de beauté.
En même temps que la demeure de Dieu, l'église
est la maison du Beau. Pendant le travail —
sauf dans les fabriques — il lui est permis de
chanter. Le soir, l'envie le prend d'écouter des
contes. Aux jours de fête, il veut paraître devant
Dieu et devant les hommes mieux habillé que
d'ordinaire. Il en est parmi le peuple qui savent
lire, et sous l'aiguillon de la nature, ils se pour-
voient dans ce domaine. Notre devoir serait de
leur venir en aide. Mais peut-on en parler sérieusement aujourd'hui, alors que la vie devient de
plus en plus chère et qu'on peut même se demander
si bientôt les humbles pourront gagner leur pain ?
Et puis, qui songe à considérer seulement comme
un problème l'éducation esthétique du peuple ?

L'école y met encore plus d'obstination et plus de cruauté. Elle ne s'inquiète pas de savoir comment l'enfant s'est développé dans sa vie antérieure, quels sont ses besoins, où le mène sa nature. Elle casse brutalement le réseau subtil et ténu de son monde de rêve. Elle fonde son règne sur la terreur et son premier souci est de bourrer l'enfant de mots. Avec notre manie de la grammaire et des explications, nous gâtons même ce qui peut rester de cet ancien monde. Le devoir du maître est simple, cependant. Il devrait continuer et affiner le conte, le chant et le jeu. Pour amener à ce point l'éducation esthétique, il y a un jeu qu'on pourrait employer sans nuire le moins du monde à l'enseignement : ce jeu, c'est le dessin. Ce que l'enfant essayait de faire auparavant livré à ses propres forces, l'école peut s'en emparer, le développer et donner ainsi à l'enfant une vue des choses plus objective et plus fouillée. L'école primaire hongroise s'est engagée dans cette voie.; la lettre et l'esprit des « Instructions » invitent le maître à rendre l'enseignement direct, à limiter le règne du mot, à montrer à l'enfant les particularités et les beautés de la nature, à prêter attention aux sujets artistiques. Il y a place dans ces « Instructions » pour le dessin, le chant, le travail manuel, l'enseignement littéraire : nous espérons les retrouver dans la vie de l'école. Voilà pour l'école primaire.

ENCORE LE LYCÉE

Les plus gros péchés contre l'éducation esthétique ont été commis par les lycées et, en général, par tous les établissements d'enseignement secondaires ainsi que par les écoles normales. C'est à leur négligence que nous devons d'avoir, parmi les gens cultivés, si peu de personnes capables de goûter les arts. De plus, comme ce sont ces écoles qui fournissent les classes dirigeantes, une réforme de la situation partant des sphères officielles peut être considérée comme impossible, du moins pendant un certain temps. Les gens sérieux ont, en effet, un sourire de compassion toutes les fois qu'on agite cette question devant eux. L'école secondaire est tellement esclave aujourd'hui de notre système d'examens formalistes qu'elle n'attache pour ainsi dire aucune importance à toutes ces parties de l'éducation qui ne mènent pas directement à un examen. Le premier souci de nos écoles secondaires est de développer l'intelligence ; et encore est-ce beaucoup dire, car elles ne développent guère en l'élève que l'aptitude à reproduire, de mémoire, un certain nombre de connaissances théoriques : elle triomphe dans la récitation fidèle des événements historiques. Inculquer aux élèves les éléments fondamentaux de la science, introduire et exercer l'esprit dans la pensée abstraite constituent, en effet, une des tâches essentielles de nos lycées, et ce n'est pas là un travail facile. A certains égards, il est tout le contraire de la formation artistique qui dépend du concret, de l'image sensible, en sorte que ce qui n'est pas objet d'expression sensible n'appartient pas au domaine de l'art. L'instruction scientifique, au contraire, tend à la conception de l'universel, elle donne la connaissance des lois et exige en général qu'on fasse abstraction des différences individuelles et de l'image sensible et concrète. Mais dans cette direction également, nous allons beaucoup trop loin, presque jusqu'aux limites du possible. Si nous tendons à l'abstrait, ne délaissons pas le fond expérimental concret, comme il est malheureusement de mode dans nos écoles. En agissant ainsi, nos notions abstraites s'appauvrissent, deviennent stériles et incapables de féconder la pensée. La faculté d'assimilation que possède l'esprit pour les notions abstraites nous amène rapidement à un formalisme verbal extrêmement dangereux. La connaissance d'une grande quantité de notions abstraites, de règles et de lois peut nous faire passer pour un esprit cultivé : en réalité, nous n'avons des choses qu'une connaissance générale, beaucoup trop générale. Quand il nous faut opérer avec ces notions, quand il s'agit de nous en servir pour nous orienter dans la réalité, quand notre esprit se trouve contraint de les développer, il trébuche presque à chaque pas. Mais qu'importe à l' « intellectuel » sorti de nos lycées la valeur pratique de sa science : il se contente d'avancer sur la route de l'expérience quotidienne, il s'oriente avec son bon sens naturel, s'il lui en reste encore un peu. Et il n'est pas le moins du monde question en tout cela de véritable pensée scientifique ; s'intéresser au progrès de la science, prendre une part active à son développement, ne sont le fait que de rares exceptions.

Il faut reconnaître, cependant, que la pensée scientifique, même lorsqu'elle suit une direction intelligente, détourne généralement de l'art ;

mais c'est précisément la raison pour laquelle la tâche importante de l'école est de ne pas négliger la formation artistique et de nous y ramener le plus possible. Par là elle contrebalancera heureusement l'influence des disciplines scientifiques, rafraîchira et réconfortera notre âme entière et celle-ci sera plus apte, par suite à accepter, allègrement la nécessité de la lutte pour la vie et l'austérité de la méditation. Le lycée veut cultiver l'esprit ; nous entendons par culture la formation harmonieuse et intégrale de toute notre nature — pourquoi dès lors néglige-t-il ces aspirations artistiques qui ont fait le bonheur de notre jeunesse et que la gravité de la vie ne parvient pas à étouffer ? Et même, abstraction faite de ces considérations, le lycée prétend nous introduire dans le monde de la nature et de l'histoire : c'est son but avoué, la raison d'être de son plan d'études, l'idée dirigeante de toute son évolution. Or, peut-on dire qu'il nous introduise vraiment dans le monde de la nature, s'il ne nous en fait connaître que les lois fondamentales sans nous en faire sentir les beautés ? Pouvons-nous rendre l'âme du jeune homme vraiment harmonieuse si, au sortir du lycée, il est comme aveugle, sourd

et muet en face des créations de l'art plastique,
si l'art ne lui parle pas ? Si un habitant de Mars
descendait parmi nous et si nous lui faisions comprendre que nous autres, humains, nous sommes
fiers de l'Acropole, de Phidias, de Michel-
Ange, du Titien, de Dante, de Shakespeare, de
Racine et de Molière, de la peinture française du
XIXᵉ siècle ; si ensuite nous lui disions que nous
prenons à peine le temps de les mentionner dans
nos écoles, sans les faire étudier sérieusement à
nos élèves, mais qu'en revanche, nous enseignons
avec précision le lieu, la date, les circonstances
de certaines batailles, si nous ajoutions enfin que
c'est ainsi que procèdent la plupart de nos historiens et que nous-mêmes nous n'avons pas été
élevés à une autre école : l'habitant de Mars,
n'eût-il que le bon sens d'un paysan, tiendrait
sans doute en médiocre estime la façon dont
nous organisons nos lycées. Nous étonnerons-nous
dès lors de voir nos enfants aveugles et insensibles devant les spectacles de la nature et de la
beauté ? Mais ce qui est tout de même étonnant,
c'est que nos yeux à nous, qui avons organisé
l'école, après des erreurs plusieurs fois séculai-
res, ne soient pas encore dessillés. Le fait ne s'ex-

plique que parce que nous sortons nous-mêmes
de ces écoles qui n'ont pas beaucoup changé depuis des siècles. Ce sont les erreurs et les préjugés invétérés de notre jeunesse dont nous nous
délivrons le plus difficilement. Nous n'avons pas
de critérium pour les rectifier, car l'esprit est gâté
tout entier par elles. Il nous faut oublier bien
des notions acquises pour en apprendre de nouvelles et de justes. Pour que la formation artistique acquière quelque valeur, c'est l'esprit tout
entier de l'école secondaire qu'il faudrait modifier.

L'ART ET LA NATURE

Je voudrais formuler ici une des lois principales de l'éducation du sentiment esthétique, surtout importante à un certain degré de développement. *Ce sont les phénomènes les plus ordinaires
de la nature qu'il faut contempler avec amour
pour en découvrir la beauté ; ce sont, au contraire,
les créations les plus parfaites de l'art qui doivent
nous arrêter, pour que notre goût s'ennoblisse.*
L'homme qui, pour s'exalter au spectacle de la nature, a besoin du mugissement des cascades, de la
pourpre sanglante des soirs d'été, de neiges éter-

nelles sur des cimes vertigineuses et de crevasses terrifiantes, ressemble un peu à celui qui, pour s'exalter, a besoin de boissons fortes : il est blasé. A chaque beauté qu'il contemple, il lui souvient d'avoir vu quelque part quelque chose de plus beau. Les phénomènes extraordinaires de la nature ont, sans contredit, leur beauté, leur sublime qui s'imposent à l'âme même la plus rebelle ; au sein de notre vie civilisée, si éloignée de la nature, nous sommes tous blasés, au point qu'il nous faut souvent aller contempler les spectacles les plus sublimes pour sortir de notre indifférence. Mais l'âme saine et heureusement douée sait découvrir de la beauté dans le phénomène en apparence le plus ordinaire. Jamais la nature ne nous gâtera le goût. Jamais elle ne nous offrira d'ouvrage mal venu, de platitudes baroques, d'efforts avortés. Ses merveilles sont inépuisables. Il n'est personne ni rien au monde qui puisse rivaliser avec elle. Quand nous avons envie d'agrandir notre âme, nous suivons de l'œil l'infini de l'espace, auprès duquel toute œuvre humaine n'est qu'un pur néant ; si nous voulons nous restreindre, un pré fleuri nous révèle, dans la vie de ses plantes et de ses habitants, toute la richesse du microcosme. Quand notre œil est avide d'une féerie de couleurs, des combats merveilleux de la lumière et de l'ombre, la nature surpasse tous nos rêves ; le plus grand peintre lui-même désespère de rivaliser avec elle quand il veut rendre le feu, les transitions, les gradations insensibles, les nuances délicates, l'harmonie et la profondeur de la symphonie des couleurs. A-t-on jamais vu, dans la nature, des couleurs qui n'aient pas été assorties ? Que dire de la magie des sons, des bruissements du vent dans les feuilles et du murmure du ruisseau sous les herbes ? Bien qu'ils traversent le silence de la nature, ne laissent-ils pas que de s'harmoniser parfaitement avec elle ? Et quel plaisir n'éprouvons-nous pas, nous autres, lourds bipèdes, obstinément attachés à la glèbe, à suivre des yeux la fuite du lézard agile sur le rocher, le bond du chevreuil dans la forêt et le vol de l'oiseau dans l'air ? Quelle merveille que ce vol de l'oiseau et comme les variétés en sont infinies ! C'est le sens de ces choses qu'il faut développer chez le jeune homme, non seulement pour lui donner, à travers la vie, un compagnon fidèle et sûr, mais aussi parce que c'est le moyen le plus efficace de l'introduire dans le monde de l'art, dont la nature est la source éternellement rajeunie. Celui qui ne sait pas regarder la nature ne comprendra rien, non seulement à l'art moderne, mais à toute espèce d'art. Si l'art n'est pas la nature, il en dérive.

De quels moyens disposons-nous pour faire cette éducation ? Le principal, c'est l'enthousiasme du professeur ; le plus mauvais — nous ne le répéterons jamais trop — c'est de vouloir imposer de force à l'âme jeune une admiration qu'elle n'est pas encore capable d'éprouver. Le professeur de littérature, celui d'histoire naturelle, celui de géographie trouveront d'innombrables occasions d'éveiller, en passant, dans l'âme de l'enfant, d'un mot, au moyen d'une courte description, des souvenirs, des pressentiments, des aspirations qui, comme le bon grain, lèveront tôt ou tard. A l'école, nous ne pouvons pas nous passer de la parole et le professeur de littérature trouvera, parmi les classiques, des auteurs dignes des fins à réaliser qui seront pour lui de puissants auxiliaires. Seulement il ne faut pas que l'usage de la parole dégénère en abus et se substitue à l'intuition vivante ! Ah ! si l'on pouvait trouver le moyen de donner une plus

grande partie de l'enseignement en pleine nature ! Il faut faire une place beaucoup plus large
à l'excursion géographique, historique et naturelle ; il faut qu'elle devienne une institution
tout à fait régulière. Alors la vie scolaire commu-
niquera avec la nature. Il faut développer aussi
le goût des courses en montagne. Jusqu'ici, on
rencontre, dans notre magnifique Tátra, plus de
touristes allemands que de touristes hongrois.
De Silésie, de Saxe, de Prusse, les Allemands
viennent déjà par milliers jouir du spectacle de
la nature et escalader nos cimes. Dès qu'un tou-
riste malheureux ou téméraire tombe dans un
précipice, voilà l'opinion publique hongroise
d'accuser la folle manie de l'alpinisme d'avoir
fait une nouvelle victime ; comme si, à Budapest,
les tramways n'écrasaient pas plus de monde en
un mois qu'il n'en périt dans le Tátra, je ne dis
pas en un an, mais en dix. Les jeunes Saxons
de Transylvanie y viennent sous la conduite de
leurs professeurs ; les professeurs hongrois n'en-
treprennent qu'exceptionnellement des excursions de ce genre. « La montagne, vue d'en bas,
est plus belle », dit le proverbe hongrois. Sur cent
jeunes Magyars, cinq au moins ne sauront pas

distinguer les différentes sortes de pins. Il est vrai qu'en revanche les parents de nos jeunes élèves semblent trouver naturelles les longues stations dans les brasseries et les cafés. Parmi les moyens dont nous disposons à l'école, les plus importants restent donc le dessin et le modelage ; nous en avons déjà parlé. Tant que nous ne pourrons pas modifier la loi et rendre au moins le dessin obligatoire au lycée, il faut donner à la jeunesse, avec les encouragements nécessaires, les moyens de faire du dessin à titre facultatif. Il n'est pas impossible qu'elle l'apprenne ainsi avec plus de zèle. Quelle absurdité d'enseigner aux enfants le dessin à l'école primaire et de ne plus en parler au lycée ! Sous la direction qu'il lui faut, le lycéen trouverait en peu de temps, grâce à la plus grande adresse de sa main, à la liberté plus grande aussi de ses mouvements, au développement de son coup d'œil et de son goût, le plus vif plaisir à étudier la nature. N'hésitons pas non plus à encourager la photographie. Elle ne saurait sans doute être aussi efficace que le dessin ; il est frappant néanmoins de voir combien, depuis que la photographie d'amateur s'est répandue dans le public, le

sentiment des beautés naturelles et l'appréciation
plus exacte des œuvres qu'elles inspirent se sont
perfectionnés. La nature semble en tous lieux
ouverte à tous ; il n'en est rien : la civilisation
nous en sépare comme une muraille de Chine ;
plus nous y faisons des brèches, plus nous aug-
mentons les chances de guérir les maux engen-
drés par la civilisation, plus nous assainissons
notre existence. La vie et l'art, la civilisation et
la nature doivent se mêler et se fondre.

CHEFS-D'ŒUVRE

Mais c'est à peine si toutes ces réflexions nous
ont conduit dans l'antichambre de l'art : connaître, aimer, fixer par le dessin l'image de la nature, voilà des conditions essentielles de la formation et de l'éducation artistiques ; mais ce n'est
pas encore l'éducation artistique elle-même. C'est
ici que commencent les difficultés ; la plupart des
gens ne les remarquent même pas à cause du
verbiage étourdissant que suscitent les questions
d'art. Celui qui n'a pas oublié sa propre évolution
et qui sait combien il lui a fallu de temps pour
comprendre la langue des chefs-d'œuvre, sourira

de ces bienfaiteurs de l'humanité qui prétendent, avec leurs *vade-mecum*, faire, en moins de trois semaines, du premier venu un connaisseur émérite. Y a-t-il des règles dans ce domaine ? Non, tout dépend de la personnalité, des impulsions qu'elle a reçues, des forces qu'elle a rassemblées, et il en est de l'amateur d'art comme de l'alpiniste qui, devant la cime escarpée où aucun sentier ne conduit, doit faire appel à ses propres forces et à sa seule agilité.

La première chose à faire, c'est d'*étudier des chefs-d'œuvre* parfaits. C'est là une discipline qu'aucune science, aucune lecture, aucune explication ne peut remplacer ; la substitution de reproductions aux originaux n'est elle-même qu'un pis-aller. Pour n'avoir plus à revenir sur elles, disons tout de suite ce que nous en pensons : le plus grand service qu'elles puissent rendre, c'est de rappeler ce que nous avons vu ou de préparer à ce que nous allons voir. Celui qui a une grande expérience des choses de l'art peut, à l'aide de bonnes reproductions, se faire une idée approximative d'un original qu'il ne connaît pas encore. Mais le profane est dérouté. Aussi n'est-il pas bon de commencer par les reproductions ; elles ne laissent pas transparaître toutes ces finesses qui font la valeur de l'œuvre ; celui qui ne connaît les chefs-d'œuvre que par leur intermédiaire, s'en fait une idée fausse et quand plus tard il lui sera donné de contempler l'original, il ne s'en approchera pas sans doute sans prévention et en aura une impression adultérée. Il va sans dire qu'il faut distinguer les bonnes et les mauvaises reproductions ; les bonnes copies de plâtre et surtout de bronze se rapprochent beaucoup plus des originaux que les photographies ; d'autre part, une bonne photographie vaut mieux qu'une mauvaise gravure ou une abominable lithographie en couleur. Cependant, parmi les reproductions modernes en couleurs, il s'en trouve d'une perfection surprenante. Mais la réduction des proportions véritables est parfois, dans les reproductions, du plus désastreux effet. Les Laocoons en miniature, les photographies format carte de visite produisent une impression presque comique. C'est en vain que l'on dit : imaginez-vous ceci à telle ou telle échelle ; il n'est pas d'imagination qui puisse répondre à cet appel. Les grands maîtres de la couleur font un piteux effet en photographie. C'est par les sens que l'art parle à l'âme et par les sens seulement.

Il peut être utile de collectionner des photographies dont on connaît les originaux ; mais une collection de ce genre n'offre d'intérêt que pour nous-mêmes. L'amateur et l'historien de l'art en ont besoin, mais ce n'est pas d'eux qu'il s'agit ici ; nous parlons de la culture esthétique qu'il convient de donner à la jeunesse de nos écoles.

ÉDIFICES, MONUMENTS

Ces jeunes gens, il faut les conduire dans les musées et les expositions, devant des monuments et des édifices, au théâtre et au concert. Pour suivre l'évolution de la vie scolaire, je ne recommanderais pas ces visites que l'élève n'ait atteint l'âge de quatorze ou quinze ans, peut-être même davantage. La vie tout entière se ressent de cette culture en serre chaude qui, surtout pour l'éducation littéraire, est le résultat le plus clair de notre système d'enseignement. C'est pourquoi il existe tant d'adolescents vieillis avant l'âge, fatigués et blasés, qui ne sont plus curieux de rien parce qu'ils sont las de tout. Le théâtre, en tout cas, ne devra venir qu'en dernière ligne ; les théâtres et les représentations à l'usage de l'enfance ne valent pas cher ; on n'y donne généralement rien qui soit de nature à captiver l'imagination de l'enfant. Les expositions d'art moderne, faute d'une préparation suffisante, les embarrasseraient plus qu'elles ne leur seraient utiles. Restent les musées et les monuments. Ceux-ci valent peut-être mieux que ceux-là.. Il serait bon que les professeurs de la capitale sachent éveiller insensiblement chez l'enfant un désir presque spontané d'aller voir nos édifices les plus célèbres, l'église de Mathias, l'église Saint-Etienne, le Palais de Justice, le Parlement ; qu'ils s'essaient à les comprendre d'eux-mêmes ; des excursions obligatoires et collectives sont généralement stériles : elles seraient plutôt de nature à éveillêr dans l'âme de l'enfant comme un sentiment de rébellion. L'adolescent qui sait dessiner, verra déjà les choses d'un autre œil et son âme s'emplira de ces souvenirs forts que laissent les impressions vives. En tout cas, c'est par petits groupes que le professeur devrait entreprendre ces promenades qui devraient être des distinctions particulières ; il pourrait montrer aux élèves les choses comme il les voit, mais sans les brusquer ni leur imposer son point de vue. Rien n'est plus instructif pour la jeunesse que de comparer ces deux intuitions dont elle doit parvenir à saisir les différences. Elle en gardera pour toute sa vie des indications et des suggestions. L'essentiel est que les œuvres d'art qu'on propose à son admiration soient véritablement vivantes; qu'elles vivent autrement que les collections des musées, c'est-à-dire d'une vie originale et autonome. Dans des œuvres de ce genre, toutes les parties sont soumises à l'unité du tout et constituent par leur composition un ensemble artistique. Le centre en est l'édifice : la sculpture et la peinture concourent à sont unité. Par là on apprendra que les arts ne sont pas faits pour créer des pièces de musée, mais pour produire une œuvre une. Le monument, à sa place naturelle, produit un effet tout autre qu'un objet dans une collection. C'est à cette impression que nous voulons arriver; c'est un certain effet d'ensemble que nous voulons produire; il s'agit de rendre sensible à l'âme l'harmonie de l'art et de la nature, afin qu'elle ne voit pas dans la beauté un miracle incompréhensible, mais un élément nécessaire et naturel de la vie, une partie intégrante de l'ordre universel.

VOYAGES

C'est ici le lieu de donner quelques indications sur les voyages. Comme ils transformeraient l'enseignement de la géographie dans les classes supérieures ! Pour l'en avoir entièrement banni, on a réussi à en faire l'étude la plus aride, la plus ennuyeuse, la plus stérile et la plus méprisée de l'enseignement secondaire ! La jeunesse doit savoir que les beautés de la nature et les chefs-d'œuvre de l'art sont dispersés dans l'espace et que, pour les connaître vraiment, il faut aller les chercher dans leur milieu ; ils ne vivent que là où ils sont nés, où ils font parti d'un ensemble, où ils s'harmonisent avec le paysage, où le présent même contribue à leur intelligence. Dans les tableaux des maîtres ombriens on retrouve les variations magnifiques de la campagne ombrienne ; les figures que les tableaux des peintres romains nous ont rendues familières, nous les rencontrons le soir sur le Pincio. Je recommande surtout Florence, la ville d'art par excellence, où les pierres elles-mêmes ont une voix, où chaque pas fait sortir de terre des légions de souvenirs, où il n'est pas jusqu'aux musées qui ne soient étroitement liés à l'histoire de sa puissante bourgeoisie. Nous éprouvons, en Hollande, des impressions analogues. Je ne puis imaginer plus magnifique couronnement de la vie scolaire qu'un séjour d'une quinzaine de jours à Florence, à Paris ou dans les Pays-Bas. Visiter Rome est déjà une tâche plus ardue : il y faut, outre la préparation esthétique, une connaissance approfondie de l'histoire et cependant seul un séjour à Rome peut communiquer la vie aux notions acquises à l'école latine. Mais ces voyages lointains ne sont en réalité qu'une des étapes extrêmes de l'éducation esthétique. On ne peut pas toujours visiter les grands centres d'art ; et souvent même, ces visites seraient prématurées ; comme d'ailleurs, les voyages scolaires d'une certaine ampleur sont d'une organisation difficile et comme rien, nous l'avons dit, ne peut remplacer l'intuition directe de la réalité, force est de se contenter de préparer la jeunesse à la vue des chefs-d'œuvre et de lui dessiller les yeux. Mais notre devoir est d'utiliser dès l'abord les éléments dont nous pouvons disposer : objets d'arts, monuments, reliques de l'art et de l'histoire nationale, et de les faire bien connaître aux écoliers. Sur ce

point, les écoles de province, malgré les difficultés qu'elles rencontrent et leurs modestes ressour-
ces, font plus que les écoles de la capitale. Je n'ai
pas besoin de répéter ici quels services le dessin
et la photographie d'amateur peuvent rendre pour
ces excursions d'étude, dont cependant tout pédantisme doit rigoureusement être banni.

MUSÉES

A ces différentes études on peut, dans la capitale et quelques villes de province, ajouter la
visite du musée. Là encore il est souhaitable que
les élèves y aillent de leur propre mouvement.
Une préparation est encore nécessaire : le professeur invitera ses élèves à faire cette visite, mais
en évitant jusqu'à l'apparence d'une contrainte.
Quand l'âme des jeunes gens se sera déjà enrichie
d'un certain nombre d'impressions, viendront des
indications plus explicites de continuels encouragements. Sans anticiper sur ce que nous dirons
plus tard, nous pouvons d'ores et déjà insister sur
une des indications essentielles que le professeur
devra donner aux élèves : c'est que rien n'est plus
vain ni plus stérile que de courir à travers un

musée, en s'arrêtant ici une minute, là, dix secondes, sans laisser à aucune impression le temps de mûrir, de se développer et de durer. Cette façon de procéder fatigue à la fois l'œil et l'esprit, elle y laisse très peu de traces et violente l'âme plus qu'elle ne l'attire. Aussi, le professeur qui accompagne ses élèves au musée ne devra-t-il pas galoper à travers les salles, communiquant ainsi aux jeunes gens qui lui sont confiés la terrible superstition de certains voyageurs croyant *qu'il faut tout voir* et leur donnant lui-même ce déplorable exemple. Laissez au professeur la plus complète initiative ; abandonnez-le aux impulsions spontanées de sa personnalité. Qu'il s'arrête devant quelques tableaux seulement et exprime tout simplement les sentiments qu'ils lui inspirent. Un geste d'éclaircissement sera parfois plus explicite qu'un flot de paroles. Le professeur pourra peut-être aller jusqu'à faire sentir les affinités et les contrastes qui existent entre des artistes voisins ou opposés et à indiquer les modifications d'un même sujet traité par des artistes différents. Mais avant tout il accoutumera ses élèves à la contemplation et à la réflexion personnelles. Il leur montrera comment il observe lui-même les chefs-d'œuvre et les invitera à s'y essayer eux-mêmes. Ce qu'il leur demandera avec le plus d'insistance, c'est d'être sincères envers leur « moi » ; qu'ils observent judicieusement leurs impressions et ne se mystifient pas eux-mêmes. Si un chef-d'œuvre ne les émeut pas, qu'ils passent et reviennent plus tard, après avoir acquis les éléments d'appréciation nécessaires. Les âmes jeunes et honnêtes peuvent être sensibles à des conseils de ce genre. Mais elles doivent s'accoutumer avant tout à sentir d'elles-mêmes. Une pareille éducation n'est possible qu'en présence des chefs-d'œuvre originaux. Le fond en est constitué par l'intuition personnelle.

V

Résumé

Nous avons déjà parcouru une vaste carrière ;
nous ne sommes pas encore au terme. Dans les
analyses qui précèdent, nous avons recherché les
moyens les plus propres à favoriser l'éducation
esthétique et nous avons porté notre attention
surtout sur l'école, où nous pouvons, grâce à des
procédés appropriés au but poursuivi, éliminer
en partie le hasard. Le résultat auquel nous
avons abouti peut sembler mince. Nous n'avons
déterminé somme toute qu'un point de vue : l'éducation esthétique dépend de deux grands faits psychologiques ; l'un, d'ordre intellectuel ; l'autre,
d'ordre sentimental : c'est, d'une part, l'intuition ;
d'autre part, le sentiment esthétique ; celui-ci est
d'ailleurs en rapport étroit avec celle-là. L'action
conduit à l'intuition et l'intuition objective au

sentiment esthétique. La forme essentielle de l'action, chez l'enfant, c'est le jeu ; à l'école, le dessin et la rédaction : c'est sur ce fond que s'exerce l'intuition active. La formation et l'éducation du sentiment esthétique peuvent être réalisées par deux procédés, la contemplation des phénomènes de la nature et celle des chefs-d'œuvre de l'art. C'est ainsi que nous sommes arrivés à notre idée dominante : le sentiment esthétique. C'est là qu'aboutissent toutes les avenues et c'est de là qu'elles partent. Élever l'homme en le préparant à l'art, c'est éveiller, fortifier et affiner cette modalité du sentiment. Si l'on n'y arrive pas, tout effort est inutile. Mais nous ne pouvons pas agir directement sur le sentiment. On n'y parvient qu'à travers la contemplation. Le sentiment lui-même s'éveille spontanément dans les profondeurs de notre être et sa qualité dépend de la nature de l'âme et de son aptitude à la contemplation. Nous sommes au sentiment esthétique dans le même rapport que le fondeur au son de la cloche. Le sentiment lui-même est à l'âme ce que le son est à la cloche ; le monde de la nature et de l'art peuvent, en faisant vibrer l'âme, la faire résonner et c'est le son qui nous instruit de la nature et de la qualité de l'âme. N'essayons pas de l'en faire sortir d'une main indiscrète ; il pourrait nous arriver la même mésaventure qu'à celui qui voudrait jouer d'un instrument sans le connaître ; il ne fait rien vibrer, mais il risque, en revanche, de détériorer l'instrument. Quand Rosenkrantz et Güldenstern veulent, à force de ruse, arracher à Hamlet son secret, celui-ci invite Rosenkrantz à jouer un air de flûte. Rosenkrantz ne sait pas. Hamlet éclate : « Mais il y a de la musique dans cet instrument ; il renferme des sonorités sublimes et vous ne savez pourtant pas les lui arracher. Que diable ! croyez-vous qu'il soit plus facile de jouer de moi que d'un mauvais fifre ? » Personne ne doit se permettre de jouer d'une âme jeune ; c'est de lui-même que cet instrument doit vibrer et se transformer en source d'harmonies. Notre rôle se borne à recueillir et à enseigner les méthodes, à écarter les obstacles. Nous instruisons l'œil, l'oreille et la main à devenir habiles, afin que les sentiments puissent un jour s'éveiller dans la spontanéité de leur pureté et leur richesse.

Tel est le point où nous sommes arrivés. Nous reste-t-il encore quelque chose à dire ? Nous

avons parlé des sens, du sentiment, de leur éducation ; la pensée n'a-t-elle pas elle aussi son
rôle à jouer ? Nous avons traité exclusivement des
chefs-d'œuvre particuliers et concrets, à la perception et au sentiment desquels nous voulons
habituer l'esprit ; n'est-il pas nécessaire aussi de
former la pensée abstraite qui s'y rapporte ? La
perception et le sentiment sont toujours les
points de départ ; mais quand nous faisons de ces
phénomènes psychiques l'objet de notre pensée,
une nouvelle activité entre en jeu qui s'appelle *la
réflexion*. Nous nous demanderons donc maintenant comment cette opération s'effectue dans l'éducation esthétique.

L'HISTOIRE DE L'ART ET L'ESTHÉTIQUE

La réflexion qui s'exerce sur l'expérience esthétique peut être double : l'œuvre que nous admi-
rons est faite par un artiste ; cet artiste à une
patrie, un maître, une histoire ; il a vécu à une
époque déterminée ; de tous ces faits nous extrayons
un certain nombre d'éléments qui s'associent à la
perception du chef-d'œuvre, au sentiment qu'il
nous inspire et à l'image que nous en gardons ;

14

ces éléments occupent notre pensée. La réflexion esthétique ne consiste pas dans ces connaissances elles-mêmes ; mais celles-ci y mènent directement et nous acheminent de plus en plus vers une notion compréhensive et exacte de l'art. Je compare l'œuvre que je vois à d'autres œuvres du même auteur, à celle de ses maîtres, de ses contemporains, de l'école tout entière ; je mets cet artiste en rapport avec son milieu, avec ses prédécesseurs, etc., et ainsi j'insère l'œuvre dans un vaste ensemble qui n'est lui-même qu'un complexus de rapports de causalité. C'est ce qu'on appelle l'évolution historique. Quand je considère l'œuvre à ces différents points de vue, ma réflexion entre en jeu ; le sentiment fait place à la pensée qui institue des comparaisons et cherche les rapports de cause à effet, fixe les grands points de vue et effectue de larges récapitulations. La question que nous posions tout à l'heure revêt maintenant cette forme nouvelle : devons-nous initier les élèves à l'histoire de l'art ? Quel résultat pouvons-nous attendre de cette étude ?

La réflexion esthétique peut encore être d'autre nature. Le sentiment lui-même que nous considérons comme le fait le plus précieux de notre vie psychologique, est un fait synthétique et complexe. Si brusque qu'en soit l'apparition, il n'en est pas moins la résultante, l'équivalent et le résumé d'une multitude d'impressions partielles. Dans un tableau, la couleur, la ligne, la composition et le sujet concourent tous à l'impression d'ensemble ; tous ces effets, il est vrai, se fondent en un effet unique et les impressions particulières contribuent seulement à modifier, colorer, diminuer ou renforcer l'impression totale, qui diffère suivant la personnalité et les dispositions du spectateur. Les uns sont plus sensibles à la composition, les autres à la couleur, etc. Dans la poésie, l'un est plus captivé par le rythme, l'autre par l'expression, par la tendresse du sentiment, la fantaisie de l'imagination, etc. Il arrive que nous ne soyons pas sensibles du tout à certaines qualités artistiques ; il arrive plus souvent encore que l'impression, qui occupe le premier plan de la conscience, soit accompagnée et modifiée par de faibles nuances accessoires. Mais, dans la plupart des cas, nous ne nous rendons pas compte des causes du sentiment. L'âme naïve et sensible est l'esclave de celui-ci. Plus elle sent fortement, moins elle peut dire d'où lui vient son émotion.

Plus le sentiment est complexe, plus il est difficile d'en discerner les causes ; l'envie ne nous
prend même pas de nous livrer à cette recherche. Nous distinguons encore moins les causes
des faibles nuances. Nous cririons presque au
sacrilège si l'on voulait nous contraindre à cette
analyse ou nous en présenter une. Entre la cha-
leur du sentiment qui embrase toute notre conscience et la froideur glaciale des opérations proprement intellectuelles, il y a, en effet, un abîme.
Le sentiment et sa cause objective semblent au
premier abord n'avoir rien de commun ! Il nous
semble que c'est s'arrêter à des vétilles que de
vouloir « expliquer » notre sentiment, le diviser
en ses parties et indiquer la cause du tout. Ima-
ginez la réponse d'un amoureux, si vous lui de-
mandiez ce qu'il aime exactement dans la personne qu'il aime et avec quelle pitié il vous
regarderait, si vous entrepreniez une pareille
analyse !

Tant qu'il dure, le sentiment ne supporte pas,
en effet, le travail de la pensée ; mais, en raison
même de sa nature, il ne peut pas durer longtemps. Un moment le fait naître, un instant
l'anéantit. C'est alors qu'intervient la pensée.

Elle recherche curieusement les raisons et les causes de l'impression ressentie par l'âme. Elle se met à analyser par comparaison ce sentiment un, mais complexe. Elle acquiert dans l'abstraction une habitude de plus en plus grande. Elle institue des recherches de détail sur la couleur, la ligne, la composition ou le rythme, la langue, l'imagination, etc. En recherchant ainsi les causes, elle est insensiblement amenée, par la force même des choses, à la notion des rapports universels, car tous les rapports élémentaires de cause expriment, en réalité, des lois. L'ensemble de ces lois constitue la science de l'esthétique ; celle-ci s'efforce, d'une part, d'analyser et de grouper les sentiments inspirés par la contemplation et l'étudedes œuvres d'art ; d'autre part, elle recherche les éléments de la réalité unis à ces sentiments par des rapports de causalité. Il va de soi qu'elle traite également des arts et de leurs principes subjectifs, de leurs modalités et de leur évolution historique. Son objet lui est donc fourni en grande partie par l'histoire de l'art ; mais, inversement, elle vient en aide à celle-ci en déterminant des notions qui rendent intelligibles et permettent d'apprécier ces phénomènes historiques. Ces sciences s'entr'aident à la façon de la biologie générale et de l'histoire naturelle : la première recherchant les grandes lois de la vie, la seconde étudiant leurs manifestations dans le monde des êtres vivants.

Peut-on, dans l'éducation artistique, faire abstraction de l'esthétique ? Comment en organiser l'enseignement ? Voilà les questions que nous allons examiner maintenant.

LE POUR ET LE CONTRE

S'il fallait en croire les artistes et les connaisseurs, on devrait bannir impitoyablement l'enseignement esthétique et l'histoire de l'art du domaine de l'éducation artistique ; et, sans doute, à ne considérer que la façon dont ces disciplines sont enseignées aujourd'hui, il faudrait, sans conteste, se ranger à cette opinion. Le couronnement obligatoire d'une éducation supérieure pour la jeune fille, à l'école ou à la maison, c'est le cours d'esthétique et d'histoire de l'art ; mais ce cours est conçu dans un tel esprit et il donne de si piteux résultats qu'il ne mérite même pas de servir de cible à la raillerie. Que les parents

ne sachent pas s'y prendre, passe encore, mais
que dire des directeurs et des professeurs ? Au
reste, étant donné l'esprit de l'éducation contemporaine, avons-nous le droit d'en être choqués ?
La manière dont on enseigne la poétique et l'histoire de la littérature constitue de dangereux précédents. Un fatras de représentations nuageuses,
qu'on cherche à mettre en système, voilà l'enseignement de la poétique; c'est en cousant au hasard des lambeaux d'histoire, de philologie et
d'esthétique qu'on prétend enseigner l'histoire
de la littérature. Le résultat en est l'acquisition
d'un certain nombre de notions plus ou moins
exsangues et, en même temps, une insensibilité
presque absolue pour les beautés de la poésie,
une grande indifférence pour les choses de la
littérature et, en revanche, le goût d'une phraséologie faussement pathétique et déclamatoire
qui, une fois fixée, est malheureusement un excellent organe de transmission. C'est ainsi que se
creuse un abîme entre les aspirations littéraires
réelles de la jeunesse contemporaine et l'enseignement qu'elle a reçu à l'école ; c'est ainsi que
le fil de la tradition se brise et que l'on fait des
révolutionnaires ; la littérature contemporaine y

est d'ailleurs aussi pour quelque chose. Cependant, si dégénérées qu'elles soient, la poétique et l'histoire de la littérature sont des connaissances encore plus vivantes que l'esthétique et l'histoire de l'art. Une multitude de liens rattache l'histoire de la littérature à l'histoire nationale, la poétique à la lecture, tandis que les liens entre l'esthétique et l'histoire de l'art, d'une part, et la réalité artistique, de l'autre, sont très lâches ou du moins trop peu considérés.

Il faut encore tenir compte de ce fait que l'esthétique et l'histoire de l'art ne sont pas encore des sciences constituées, mais seulement des sciences en voie de formation; pour cette raison, elles trouvent plus de difficultés que d'autres disciplines à s'acclimater à l'école et dans le public. Surtout sous la forme que lui avait donnée la spéculation allemande, l'esthétique était une science avant tout abstraite et philosophique, ne s'abreuvant guère aux sources vives de la réalité concrète. Non pas qu'elle soit dénuée de toute valeur, ceux qui le prétendent ne la connaissent généralement pas ; mais il est incontestable que son caractère de science spéculative la rend peu propre à l'éducation artistique. L'histoire de l'art

s'est brillamment développée ; mais sous sa forme
actuelle, c'est moins une histoire de l'art, au sens
rigoureux du terme, qu'un aspect de l'histoire
générale ; elle s'attache moins à dessiner la courbe
de l'évolution qui, à travers le tissu compact des
circonstances extérieures, a fait passer, comme
par miracle, le monde du beau sur la terre qu'à
la recherche de ces circonstances extérieures elles-
mêmes. L'esthétique n'a pas encore su trouver le
chemin qui mène à l'histoire de l'art et l'histoire
de l'art ne cherche pas les chemins qui conduisent
à l'esthétique, bien qu'on ait ici à creuser, en quelque sorte, un tunnel, en commençant par les deux
bouts. Ne soyons pas injustes, cependant, à l'égard
de nos maîtres : ils nous ont frayé la route et
nous ont encouragés. L'histoire de l'art a rendu
les meilleurs d'entre nous curieux de ces trésors
dont elle parlait avec tant d'enthousiasme. L'esthétique a affiné notre sens intérieur ; nous avons
entendu gronder au fond de l'abîme le torrent de
la vie artistique et quelques-uns ont voulu descendre dans ses profondeurs. Mais quels détours
n'avons-nous pas dû faire ! Combien d'erreurs
n'avons-nous pas commises ! De combien de préjugés n'avons-nous pas eu à nous débarrasser !

Quant à ceux qui ont reçu et gardé l'empreinte de cet enseignement sans une révolte instinctive et salutaire, ils ont été corrompus à jamais.

Voilà ce qu'il faut savoir afin de poursuivre notre route, avertis des abus et des erreurs, mais il est certain, d'autre part, que nous ne pouvons pas éliminer complètement l'esthétique ni l'histoire de l'art de l'éducation artistique. Nous en sommes empêchés par des raisons extérieures et intérieures.

Nous entendons par raison extérieure le fait que les préoccupations d'esthétique et d'histoire de l'art tiennent, comme il a déjà été remarqué, une place importante dans la civilisation contemporaine. Elles sont diffuses dans notre atmosphère. Nous ne pouvons pas en isoler les jeunes gens qui nous sont confiés. Le voyageur doit consacrer aux musées une partie de son temps ; le journal est envahi par la terminologie esthétique dont la critique fait usage. N'en tenir aucun compte dans les programmes serait d'une déplorable pédagogie. Nous ne pourrions pas contrôler les notions acquises au hasard par les élèves, ce qui leur causerait encore un plus grand dommage.

Nous ne pouvons plus nous arrêter sur la voie

dans laquelle nous nous sommes engagés ; il ne nous reste qu'à ne pas nous égarer et à éviter les détours.

Les raisons intérieures sont encore plus fortes. La réflexion est si développée aujourd'hui que nous ne pouvons pas lui marquer de frontières. Les suggestions extérieures qui viennent de la civilisation ambiante sont nées elles-mêmes des suggestions intérieures venues des courants intellectuels profonds du milieu. Nous ne pouvons pas être sans le travail de la pensée. Nous voulons nous rendre compte des phénomènes qui passent dans notre conscience ; autrement ils restent obscurs et inquiétants comme un mystère. Plus notre maturité est grande, plus nous cherchons à nous orienter par l'histoire et la spéculation. Si nous ne cherchons pas à construire un système, il nous vient des idées isolées. De même en philosophie. Ceux qui la dédaignent se contentent généralement d'une sorte de dilettantisme philosophique qui ne revêt une forme originale et précieuse, à certains égards, que dans les têtes les mieux organisées, tandis qu'il reste chez les autres à l'état de banalités ou de préjugés absurdes. L'individu n'est fort qu'au sein de la communauté ; le penseur lui-même doit se confier à cet esprit public développé par l'évolution historique s'il veut en élargir l'horizon. Celui qui le fait de propos délibéré réussit mieux que celui qui, vivant de secrets emprunts, s'imagine puiser toutes ses idées en lui-même. Une connaissance sérieuse de l'histoire de l'art et de l'esthétique est le seul moyen d'éviter les dangers de ces disciplines. Les maux causés par la réflexion ne peuvent être guéris que par elle. Peut-être réfléchissons-nous trop ; mais le remède à cet état de choses n'est pas d'interdire la réflexion, ce qui est impossible ; c'est de chercher, après nous être frayé notre route au travers, les conditions nouvelles de l'équilibre intellectuel.

LA RÉFLEXION ET L'INTUITION

La réflexion naît toujours, que nous le voulions ou non, en vertu d'une nécessité psychologique interne. L'intuition toute pure, sans mélange de réflexion, n'existe même pas, sauf peut-être chez le nouveau-né, et encore ne dure-t-elle pas très longtemps. Quand nous avons, au cours des analyses précédentes, opposé l'une à l'autre l'intuition et la pensée, nous l'avons fait comme on oppose l'enfance à la jeunesse. Il n'y a pas de ligne de démarcation bien nette.

Il n'y a pas d'intuition sans réflexion, pas plus qu'il n'y a de réflexion sans intuition. Des images intuitives se glissent furtivement dans nos pensées les plus abstraites ; penser abstraitement, c'est isoler et fixer certains traits du monde intuitif. Cette particularité de la pensée abstraite est d'ailleurs connue depuis Descartes. Mais il est également certain que l'intuition renferme des images-souvenirs et des pensées abstraites. Ce n'est pas seulement par les yeux et les oreilles que l'on voit et entend, mais aussi par l'esprit. Et ici il n'y a pas de différence entre le spectateur distrait et le spectateur attentif. Le spectateur distrait ne prend pas garde au détail des choses ; mais, dans la perception auditive ou visuelle, il se dirige d'après des expériences et des habitudes antérieures. Le spectateur attentif, lui, analyse les phénomènes d'après certaines considérations abstraites. L'architecte et le profane ne voient pas du même œil la façade d'un édifice ; l'architecte voit, même à son insu, à travers la masse de ses expériences. Certains détails de notre vie psychique nous feront comprendre ce fait : lorsqu'une intuition laisse une image dans la mémoire, cette image-souvenir se lie si étroitement à l'image-intuition que celle-ci semble être tout entière intuitive. C'est ainsi que naissent les illusions, c'est ainsi que nous complétons des paroles à demi entendues de façon à en faire un tout qui offre un sens. Le souvenir est en quelque sorte le fantôme à qui l'intuition insuffle une vie passagère ; c'est ainsi, d'autre part, que la pensée spiritualise l'intuition. La pensée reçoit de l'intuition comme une spontanéité nouvelle ; elle lui confère en retour la supériorité intellectuelle. Le connaisseur voit l'œuvre d'art d'une autre façon que le profane : son regard est plus pénétrant, son intuition plus chargée de pensée. Cette union étroite de l'intuition et de la pensée, du concret et de l'abstrait se retrouve dans toute l'étendue de notre vie intellectuelle : aux degrés inférieurs du développement, la pensée ne se dégage pas encore de l'intuition ; elle y reste attachée à l'état de pressentiment, de métaphore, etc., par exemple, dans les mythes, les expressions encore toutes frémissantes de vie concrète des langues primitives, les métaphores originelles. Plus d'une des pensées de Platon se trouve encore à cet état d'enveloppement. Pour que l'abstraction véritable apparaisse, pour que la pensée se sépare de l'intuition, il faut une période très avancée de la vie intellectuelle. C'est un effort vers cet état qui se manifeste au début de la philosophie grecque. Ensuite, la comparaison consciente, la métaphore volontaire, l'allégorie rapprocheront à nouveau les éléments qui ont été éloignés ; finalement ils se réuniront tout à fait. Une fois que la pensée abstraite et consciente a parachevé son œuvre, une fois qu'elle a déterminé les principes directeurs de l'intuition, celle-ci s'unit à nouveau étroitement à eux, s'en pénètre et, sans changer de nature, s'enrichit pourtant d'un apport intellectuel. Dans le domaine de l'expérience visuelle, la perception du connaisseur apparaît comme un ensemble indivisible et spontané où l'intuition pénètre la pensée, où la pensée pénètre l'intuition au point de se confondre, et cependant cette perception peut être résolue en termes intellectuels et exprimée abstraitement.

C'est là l'idéal le plus élevé de l'éducation artistique ; or, l'existence de cet idéal suppose l'exercice de la réflexion et, d'autre part, il ne peut être atteint que par elle.

DE L'ÉVOLUTION HISTORIQUE

On ne peut pas dire que la réflexion historique soit une conséquence aussi nécessaire et naturelle de l'intuition artistique que la réflexion esthétique. C'est ainsi que, dans la civilisation grecque les traces de cette dernière apparaissent beaucoup plus tôt que celles de la première. L'attitude la plus naturelle à l'esprit, c'est de ne pas méditer sur le développement historique. Aujourd'hui encore, on voit chaque génération passer sa jeunesse dans la conviction que le monde commence avec elle. Il est peut-être bon qu'il en soit ainsi, car cette conviction amène chaque génération à mettre fortement en relief les traits qui la caractérisent. L'histoire de sa vie n'apparaît pas très nettement à chaque individu ; l'histoire d'une communauté s'efface encore davantage aux yeux de ses membres. Sans doute, il est naturel de se rappeler le passé ; mais la tradition qui se transmet de père en fils ressemble à un crépuscule brumeux où tout apparaît lointain, grandiose, surhumain. C'est ainsi que sont nées les légendes : l'âge d'or, l'âge héroïque, l'image fantastique d'un monde enchanté. Elles élargissent, sans doute, le domaine de la pensée, mais lui donnent une allure étrange. Si le sens historique naît de la mémoire, celle-ci ne le constitue pas tout entier.

Le sens historique est un produit de la civilisation ; la conception historique n'existe que par elle ; s'il y a une conception historique, il existe une civilisation et, inversement, s'il existe une civilisation, il y a une conception historique. Celle-ci a probablement ses racines dans certaines nécessités pratiques, dans l'établissement de titres de dynasties, de grands seigneurs, d'Eglises, servant à justifier des rapports de puissance, de possession et autres rapports analogues. Cette conception n'élève guère le sens de la vérité historique, car la plupart de ces titres sont falsifiés, volontairement ou non. Elle s'appuie néanmoins sur le respect du passé qu'elle contribue à accroître. Comme il arrive très souvent, c'est de certains besoins pratiques que naissent les besoins intellectuels et désintéressés. Au début, c'est surtout par son étrangeté que le passé nous frappe. Nous nous intéressons à ce qui diffère de nous. Les musées ne sont d'abord que des collections d'objets rares. L'histoire, — l'histoire de l'art en particulier, —

ne fut d'abord qu'un tissu d'événements remarquables. L'idée d'une histoire fidèle et complète, destinée à restituer intégralement le passé, ne se développe qu'assez tard : quant à une vue synthétique du développement historique, elle n'arrive qu'en tout dernier lieu. L'idée d'évolution est une découverte du XIXe siècle.

L'étude de l'évolution historique ne consiste pas seulement dans la recherche des rapports de causalité, des rapports nécessaires entre les événements historiques ; elle recherche également un principe de cohérence interne. Jusqu'ici une pareille cohérence n'a été observée que dans le domaine de la vie organique et l'histoire de la vie intellectuelle. La formation des organismes, qui est sans doute un effet de l'évolution, semble indiquer une harmonie interne et rationnelle, mais il est facile d'objecter que cette apparence est trompeuse. On peut dire que si la fin d'un organisme réside en lui, il n'y a pas d'organisme plus pratique qu'un autre : ce que nous prenons pour une fin n'est qu'une conséquence. La structure de l'œil ne s'explique pas afin de pouvoir voir, mais on voit, parce que l'œil est ainsi fait. Nous croyons que notre organisme est conforme à un but, mais que savons-nous de l'infinité des modes possibles d'être, pour nous permettre de juger et de qualifier les modalités existantes ? L'amibe — à supposer que le développement ait commencé par elle — a-t-elle pu pressentir et deviner ce qui devait lui succéder et sortir d'elle ?

Il en va autrement dans le domaine de l'esprit. Nous avons des mesures pour des valeurs dont le titre n'est pas douteux. Les idées vraies et les idées fausses, les idées obscures et les idées claires présentent de grandes différences et, pour les évaluer, on n'a qu'à se consulter soi-même. La pensée abstraite a une valeur absolue. Même remarque pour l'évaluation des phénomènes esthétiques et des phénomènes moraux. Mais c'est une certaine espèce de liaison intérieure, intelligible et caractéristique qui fait de la succession des événements une évolution, c'est-à-dire une histoire. C'est aussi ce qui fait des rapports de causalité des rapports organiques, si l'on entend par là ceux qui expliquent le développement interne. La matière n'est pas en elle-même plus organique que le corps humain, mais celui-ci est en même temps pratique dans la mesure où il sert de base à la pensée. La pensée a une valeur intrinsèque, tout le reste en a dans la mesure où il s'y rapporte. De même dans la morale et dans l'art. Le spirituel a une histoire ; il est même la seule réalité qui en ait une.

Cette histoire, avons-nous besoin de la connaître ? Cela n'est pas douteux : nous devons la connaître par elle-même, car elle vaut la peine d'être connue. Avons-nous encore d'autres raisons de l'étudier? Devons-nous faire de l'idée de l'évolution historique la base même de nos connaissances ? Ou bien doit-elle rester le privilège et presque le secret de l'historien ? Voilà bien des questions difficiles à résoudre.

Que de fois la pensée humaine ne s'est-elle pas révoltée contre le joug du passé ! Dans les temps modernes, Descartes fut le premier des rebelles. Il voulait éliminer de son esprit tout ce qui, dans la tradition, ne résistait pas à l'épreuve du bon sens. Après lui, ce fut Rousseau qui voulut éliminer de la vie tout ce qui n'était pas *naturel*. Mais quel est le sens exact de ce mot? L'évolution historique n'est-elle pas naturelle, elle aussi ?

C'est une idée chère à bien des esprits que de chercher à rejeter le poids du passé. Il paralyse notre activité, notre puissance de création, notre initiative. Cherchons à nous connaître nous-mêmes, oublions ce qui nous a précédé, vivons notre vie et organisons la société et l'État sans tenir compte de l'histoire, par la seule force de notre entendement. En art, exprimons simplement nos sentiments personnels, sans souci de la tradition, des vieux idéaux, des formes usées. Ayons le courage de voir de nos propres yeux, de penser librement et de créer de nos mains. Soyons ce que nous sommes. La piété envers le passé est une faiblesse. Voilà ce qu'ont dit, de tout temps, les idéologues et les doctrinaires.

Mais, que nous le voulions ou non, le passé est un fait qu'on ne peut anéantir, une force qu'on ne peut ignorer. Des réformateurs sans jugement et un peu naïfs ont cru que connaître le passé veut dire en justifier et en conserver toutes les erreurs. Ce sont là des opinions puériles qu'il est préférable de ne pas discuter. Nous n'avons pas à examiner ici les conséquences pratiques résultant de la compréhension de l'histoire : elles ne sauraient, en tout cas, être mauvaises ; mais, même dans l'hypothèse contraire, ce n'est pas un acte de notre arbitraire que de vouloir ou non comprendre le passé. Nous *devons* le comprendre, car la vérité est en définitive le plus puissant ressort du monde.

Mais, outre qu'on ne le peut pas, on ne doit pas faire abstraction de la connaissance du passé. Un raisonnement tendancieux prétendait établir, sans doute, que le passé se trouve inclus dans le présent, que celui qui connaît le présent, connaissant le résultat de l'évolution, n'a rien de plus à apprendre. Ce raisonnement ressemble à peu près à celui-ci : il me suffit de savoir combien d'argent a mon voisin, je n'ai pas à me préoccuper des moyens par lesquels il l'a acquis. Mais, dans le domaine de l'esprit, la connaissance d'une réalité n'est pas complète sans la connaissance de son évolution. Le caractère essentiel d'une réalité qui évolue, c'est précisément qu'elle évolue ; est-il permis d'en faire abstraction ? Prenez l'exemple de l'homme lui-même. Est-ce le connaître, que de n'en voir que le résultat final, le dernier moment ou même la dernière période de sa vie ? Ne doit-on pas également étudier son enfance, sa jeunesse, son âge mûr ? C'est l'essence même de la vie que d'avoir une histoire : l'essence même de la connaissance de la vie consiste à en savoir l'histoire. Le peuple, on ne peut le connaître autrement que par son histoire, de même qu'il n'est possible de connaître sa vie intellectuelle que par l'histoire même de cette vie. Qui peut se vanter de connaître le droit, s'il en ignore le développement, ou l'art, s'il en ignore l'évolution? L'évolution historique est la forme même sous laquelle se manifestent tous les phénomènes de l'esprit. Dans ce domaine, tout n'est que devenir. La véritable conception de l'histoire n'a existé que du jour où cette vérité a été découverte, de même que la véritable conception de l'esprit.

L'HISTOIRE DE L'ART EN TANT QU'HISTOIRE

Par les analyses précédentes nous n'avons encore prouvé qu'une thèse : la connaissance de l'histoire de l'art est nécessaire pour mettre au point la conception de l'histoire ; mais s'ensuit-il nécessairement que la connaissance de l'histoire de l'art favorise également la conception esthétique? Nous nous demandons maintenant si un sentiment de l'art tout spontané, pur de tout élément étranger et de tout alliage, n'est pas plus immédiat, plus direct, plus intense et plus juste qu'une intuition à laquelle viendraient se mêler toutes sortes de considérations théoriques et la connaissance scientifique des antécédents. Nous nous demandons, en un mot, si cette connaissance de l'histoire ne serait pas plutôt de nature à fausser le sentiment ou même à l'étouffer dès l'origine.

Avant de répondre à ces nouvelles questions, constatons toujours un fait : ce que nos précédentes analyses viennent de prouver n'est déjà pas inutile; l'intelligence historique de l'art n'augmente peut-être pas notre plaisir esthétique ; il est sûr, néanmoins, qu'elle affine notre sens du passé. Il est bon de savoir que l'art d'un peuple quelconque, pris à une certaine époque, a, d'un triple point de vue, une grande importance historique.

1° C'est une manifestation de l'âme populaire, précieux pour l'historien. L'histoire des dynasties est parfois d'un intérêt scientifique médiocre, parce qu'elle ne raconte que quelques individus et ignore l'âme populaire, véritable foyer de la vie collective. Pendant de longues années, on a, en introduisant ainsi en contrebande des intérêts domestiques ou privés dans le domaine de l'histoire, faussé l'esprit de cette science. L'importance d'une guerre se mesure aux effets qu'elle a eus sur la vie de la nation ; la plupart d'entre elles ne valent même pas, à ce point de vue, l'histoire d'une dynastie. On peut dire assurément que le moindre détail authentique appris sur le passé a une importance, parce qu'il ouvre une perspective sur l'état d'âme d'une collectivité, dont chaque particulier est, en définitive, plus ou moins le représentant ; on ne peut, en effet, séparer, d'une manière absolue, dans un homme, l'individu et le membre de la collectivité. Je ne discuterai pas cette opinion, qu'on élargisse tant qu'on voudra le domaine de l'histoire, je n'y vois pas d'inconvénient ; cependant, si les mémoires du premier venu doivent y entrer, faut-il en exclure les chefs-d'œuvre ou ne leur réserver que la place de Cendrillon ? S'il y a des monuments représentatifs de la vie d'un peuple et, à ce titre, du plus grand intérêt pour l'historien, ce sont, sans contredit, les œuvres d'art. Le savant doit leur réserver une place proportionnée à leur véritable intérêt.

2° Les œuvres d'art ne sont pas seulement des manifestations de la vie historique, elles en sont aussi des facteurs ; leur influence continue à rayonner à travers le temps, invisible parfois et échappant à l'analyse, mais bien réelle et formant,

en quelque sorte, l'atmosphère intellectuelle de la
vie historique.

3° Les œuvres d'art constituent, enfin, les docu-
ments les plus importants sur l'état moral, les
aptitudes et les luttes intellectuelles d'un peuple. Peut-être ne sommes-nous pas encore en état
de leur faire rendre, à ce point de vue, le maximum de ce qu'elles contiennent, parce que nous
ne les lisons pas encore d'une façon suffisamment
courante ; mais nous y arriverons si nous con-
sentons seulement à y employer la dixième partie du zèle que nous mettons à déchiffrer les hyé-
roglyphes et les caractères cunéiformes.

Quelque parti que nous tirions de l'histoire de
l'art pour l'éducation esthétique, un fait reste
désormais définitivement acquis : il est absolu-
ment nécessaire de réformer, dès maintenant, dans
toutes nos écoles, l'enseignement historique sur
ces bases nouvelles. Nous devons y assurer aux
chefs-d'œuvres la place légitime qui leur revient.
Nous devons enseigner à la fois et les lois qui
règlent les phénomènes de la vie esthétique et les
manifestations de l'esprit humain dans ce domaine.
L'histoire de l'art doit entrer dans l'histoire générale à côté de l'histoire des sciences, des mœurs,

des institutions, de la vie économique, etc. Si la
place qui doit lui être réservée se trouvait encore
insuffisante, n'oublions pas qu'un grand nombre
d'autres disciplines ont, en revanche, usurpé jusqu'ici une place exagérée. L'origine, la signification, l'influence des manifestations de la civilisation humaine est un sujet beaucoup plus historique
dans son essence qu'une multitude d'autres études
qu'on a, jusqu'à présent, rattaché à tort à l'histoire.

RÉFLEXION HISTORIQUE ET JOUISSANCE ARTISTIQUE

Après ce que nous venons de dire, le lecteur
comprendra sans peine que l'éducation artistique
est impossible elle aussi sans une étude de l'histoire de l'art. L'homme civilisé considère parfois
ses connaissances, ses réflexions, ses hésitations
et ses doutes comme des entraves importunes. Il
envie la fraîche spontanéité de la jeunesse qui vit
dans une heureuse insouciance et une ignorance
heureuse. Mais ces plaintes ne sont-elles pas vaines, ces regrets superflus ? Pouvons-nous rester
dans un état d'éternelle jeunesse ? Pouvons-nous,
après la chute, revenir au bonheur de l'inno-

cence première ? Serons-nous naïfs, volontairement ? Cette opinion se trouve condamnée dès
qu'on l'exprime, car elle est contradictoire en soi.
Et puis, un pareil état de naïveté spontanée est-il
possible dans notre monde de musées, d'expositions, de revues ? Quand nous le voudrions, pourrions-nous échapper à l'histoire ? Ne nous enva-
hit-elle pas de toutes parts ?

De plus, avons-nous le droit de nous y sous-
traire ? L'histoire de l'art rend les mêmes services que l'analyse esthétique : elle affine, enrichit et ennoblit l'intuition. L'homme qui connaît
l'histoire de l'art voit autrement que le profane.
L'histoire de l'art ordonne le chaos, montre d'ensemble ce qui forme un ensemble, sépare ce qui
doit être séparé ; ainsi les affinités apparaissent, les comparaisons s'établissent, et la comparaison est à la base même de toute vision active.
Nous percevons les affinités et distinguons les individualités. Comprendre le monde signifie proprement : avoir la notion des formes multiples
engendrées par la vie pour réaliser ses fins. Connaître l'histoire de l'art, c'est percevoir les formes
variées que le travail de l'art a engendrées pour
réaliser les fins artistiques. Celui qui n'a pas l'ex-

périence du monde est un esprit absolu et borné ;
il déclare avec autorité : il n'y a qu'un moyen de
faire telle ou telle chose. C'est un dogmatique, un
doctrinaire. Celui qui, au contraire, a l'expérience
du monde, a la notion de la relativité des choses.
Le goût des plus parfaits connaisseurs de l'histoire de l'art est plus libéralement éclectique que
celui de la multitude ; élevé à cette école, on
est moins prévenu, moins entêté, moins naïf,
moins puérilement exalté, moins grossièrement
enthousiaste ; on sait tout embrasser. *Nil humani
a se alienum putat.* Nous avons déjà remarqué
que le Beau s'était manifesté à des époques différentes, dans des pays différents, avec des modalités différentes. Par sa nature même il se réfracte, il se divise, il se diversifie, il se développe,
il se modifie, il évolue, et c'est sous la multiplicité de ses manifestations, dans l'ensemble de son
évolution qu'il faut chercher son essence : ainsi
pour l'homme qu'on ne connaît vraiment à fond
que dans l'ensemble de ses différents âges. On
prétend que si notre art n'est pas indépendant,
ce fait tient à ce que nous regardons toujours en
arrière ; et que nous n'avançons guère à cause du
poids du passé que nous persistons à traîner avec

nous. Cette opinion n'est guère vraisemblable. Mais, vraie ou non, il n'en reste pas moins que spectateurs, amateurs, connaisseurs, tous, tant que nous sommes, nous ne pouvons pas rejeter notre science du passé et que le moyen le plus sûr de se débarrasser de l'histoire, c'est encore de passer délibérément au travers. Si même l'on examinait l'art moderne avec attention, on s'apercevrait bien vite qu'il n'est pas si révolutionnaire qu'on veut bien le dire. Il a puisé dans l'arsenal du passé une multitude de recettes pour l'expression de ses sentiments personnels. Si donc l'on venait nous demander : faut-il, pour acquérir une véritable éducation artistique, apprendre ou non l'histoire de l'art ? nous répondrions par l'affirmative ; mais nous ajouterions : procédez avec intelligence, la connaissance des origines et des rapports fera la lumière dans votre esprit ; l'étude des formes et de leur développement, ainsi que leur comparaison, est le vrai moyen d'avoir une large vision du monde esthétique dans toute sa richesse et un goût à la fois éclectique et élevé. L'histoire de l'art spiritualise l'intuition comme l'analyse esthétique ; son action est même plus sûre et plus efficace, car elle reste plus près des faits, tandis que cette dernière s'élève plus haut dans l'abstraction.

N'oublions pas enfin que nous sommes, non pas des êtres parcellaires, mais des êtres complets. Il y a en nous un principe d'unité dans la complexité qui demande à se satisfaire : l'intuition exprime toute l'individualité. Nous ne sommes pas, d'une part, sensibilité, et d'autre part, intelligence ; nous sommes une intelligence sensible et une sensibilité intellectuelle. Dans l'œuvre d'art, c'est l'homme tout entier qui cherche son expression. Devant un chef-d'œuvre, nous ne pouvons pas nous vider de notre intelligence. Dès lors, que faut-il faire ? La former. C'est à la fois par une éducation esthétique bien menée et une étude rationnelle de l'histoire de l'art que nous y parviendrons. Voici, pour finir, quelques mots à ce sujet.

LA MARCHE DE L'ÉDUCATION ESTHÉTIQUE

Qu'il s'agisse de l'éducation proprement scolaire ou de cette éducation véritable que nous nous donnons spontanément à nous-mêmes, toute la théorie de l'éducation esthétique repose sur ce principe fondamental : *il faut partir de l'intuition.*

C'est par là qu'on arrivera ensuite à stimuler la réflexion.

Ce principe est presque une vérité d'évidence : qu'est-ce en effet que réfléchir ? C'est faire de notre expérience psychique immédiate l'objet de la pensée. La pensée n'est pas la même chose que la réflexion, mais c'en est un facteur. Je pense à résoudre une question difficile qui me vient de l'extérieur ; si je considère les phénomènes qui se passent en moi pour les comprendre, je réfléchis : dans cette opération de l'esprit je suis l'objet de ma propre pensée, je cherche à me comprendre moi-même. La sensation ou le sentiment et la réflexion sur ces phénomènes sont des opérations d'ordre différent. Tout le monde vit sa vie, mais combien peu réfléchissent sur elle ! L'artiste réfléchit toujours, mais d'une façon particulière : l'émotion ne revêt une forme artistique qu'en devenant un objet de réflexion. L'homme en colère est la proie de sa passion ; l'artiste aussi doit s'animer, sans doute, mais sa passion ne doit pas le posséder au point qu'il ne puisse l'informer. Il doit en quelque sorte réfléchir ses transports.

Il est donc inutile d'insister sur ce point que la théorie esthétique et l'histoire de l'art, préliminaires à l'intuition et à l'expérience interne, ne font pas avancer d'un pas l'éducation artistique. Ces études sont intéressantes pour des spécialistes ; elles leur sont assurément utiles, mais elles ne profitent pas à l'homme qui sent et connaît l'art. L'essentiel n'est pas, en effet, de bâtir un système, mais d'induire de l'expérience les notions directrices. Étudiée *à priori*, l'esthétique est du verbiage ; dans l'hypothèse la plus favorable, elle reste une pure spéculation, et l'histoire de l'art un ensemble de notions abstraites, ou même du pédantisme. Il faut d'abord avoir le sentiment de l'œuvre ; on peut alors éprouver — mais alors seulement — la puissance de sa pensée sur ce fait psychologique ; on se rendra ensuite compte de la qualité et des causes du sentiment par la comparaison avec les causes analogues et la généralisation des éléments communs. On arrivera ainsi d'une manière inductive à des notions d'esthétique et d'histoire de l'art. Quand on aura amassé un certain nombre de connaissances, il pourra être intéressant de les récapituler, de les ordonner, de les systématiser. Ce procédé inductif et déductif est le seul raisonnable. Il y en a d'autres, sans doute, car l'éducation esthétique est, comme la création artistique de sa nature individuelle ; mais le chemin que j'indique est celui qui conduit le plus directement au but.

La réflexion esthétique vaut peut-être mieux encore que la réflexion historique ; après ce que nous avons dit, il est superflu, je crois, de répéter en quelle estime nous tenons l'idée de l'évolution historique. Mais c'est justement ce qui nous donne le droit de nous élever contre certaines exagérations. Ne pas nous permettre, par exemple, de respirer sans la réflexion historique, serait une intolérable tyrannie qui ferait du présent l'esclave du passé. Dans l'éducation esthétique, comme dans toute espèce d'éducation, c'est du présent qu'il nous faut partir ; c'est avec son aide qu'il faut comprendre le passé, puis, avec cette connaissance du passé, approfondir celle du présent, repartir à nouveau de cette connaissance plus profonde pour mieux pénétrer le passé, et ainsi de suite, dans un mouvement perpétuel de va-et-vient, dont chaque oscillation marque une étape nouvelle vers l'intelligence plus parfaite des choses. L'homme qui ne se sent pas chez lui dans l'art contemporain, est dans l'art un sans-patrie. C'est le présent qu'il faut comprendre d'abord ; il con-

contient sans doute le passé, mais à l'état d'enveloppement, et sans que l'intuition libre et spontanée y prenne garde. Notre art, c'est notre monde
sentimental exprimé par notre technique. Sans
doute, nous ne pourrons pas toujours nous en
tenir au présent, mais — nous ne saurions trop
le répéter — c'est de lui qu'il faut partir. Que
vaudrait une éducation qui irait vers le lointain
sans partir des alentours? Tout nous ramène à ce
point de départ : les affiches sur la voie publique,
les édifices qui s'élèvent, la littérature d'avant-
garde, les tableaux des maîtres du jour, les statues que nos artistes dressent au cœur de nos pla-
ces. C'est comme un air que l'on respire ; nous ne
pouvons pas ne pas le respirer ; nous ne pouvons
pas nous abstraire du milieu, vivre en marge de
notre société. Notre art est peut-être inférieur,
mais il est nôtre et nous ne pouvons avancer qu'en
passant au travers. C'est en lui que la réflexion
esthétique trouve ses assises les plus solides. C'est
à ce prix seulement que nous serons sincères
envers nous-mêmes. Pour savoir apprécier le
passé, il faut avoir fait de bien longs détours et
amassé par soi-même une grande masse de connaissances.

A l'école, c'est aux professeurs de dessin et de langues vivantes que revient l'honneur d'entreprendre cette formation. Ce sont eux qui enseignent l'art contemporain ou, pour mieux dire, ce sont eux qui devraient l'enseigner. A eux d'affiner chez l'élève le sens de l'intuition et de le préparer ainsi au sentiment du grand art. Le professeur de dessin surtout doit être à la hauteur de sa tâche : il doit connaître et savoir indiquer les points de vue de l'art moderne et les secrets de sa technique. Quel singulier procédé que de commencer par copier des formes d'art depuis longtemps abolies ! Étudier la nature, mais en moderne, reproduire ce qu'on a vu, mais le reproduire en moderne, voilà les principes d'un enseignement moderne du dessin. Cet enseignement, sans doute, ne doit jamais oublier les encouragements nécessaires à la réflexion esthétique, qui doit toujours être en relation étroite tant avec l'intuition des choses qu'avec la création des œuvres. De simples esquisses inspirées par la vision immédiate des choses forment l'esprit et la main d'une manière aussi vivante que féconde. Grâce à elles, l'œil de l'élève s'habitue à l'analyse ; le monde des couleurs et des formes s'ouvre à

lui ; l'idée de composition le pénètre. L'enseignement doit rester le plus longtemps possible simplement intuitif ; il doit ne faire qu'un usage
modéré de la parole, un usage très large, au contraire, de l'observation et de la reproduction.
D'autre part, les professeurs de langues modernes et surtout le professeur de hongrois doivent
faire lire aux élèves des extraits de notre littérature ; il ne faudrait pas cependant s'en tenir
aux auteurs les plus récents ; Petœfi, Arany et
même Vœrœsmarty sont assez modernes pour
nous. Inutile de répéter encore que la manière
dont on entend l'explication des poètes est une
véritable barbarie, le comble du pédantisme pé-
dagogique. L'essentiel est que l'élève sente directement la beauté de l'œuvre ; pour cela, le professeur doit la lire lui-même et la lire bien (ce
qui ne veut pas dire comme un acteur) ; le poème
doit-être, d'autre part, choisi à la mesure de l'é-
lève. Mais il est préférable de n'en pas épuiser
tout le contenu intellectuel plutôt que d'amener
une explication laborieuse et pénible qui étouffe le
germe même du sentiment. C'est au moyen d'indications très brèves qu'il convient de diriger l'élève
quand le besoin s'en fait sentir. Celui-ci sera vite tou-

ché par le rythme, la richesse de la langue, le contenu intellectuel ou sentimental. Une déclamation bien conduite est précieuse, elle aussi, parce qu'elle est un commencement d'action, plus frappant que la lecture passive. Au lycée, ce travail doit commencer en première et durer à peu près quatre ans. Pendant ces quatre ans, on n'enseignera pas l'esthétique d'une façon systématique ; on se contentera d'accumuler dans l'âme les expériences artistiques les plus variées, accompagnées de ces notions et réflexions esthétiques qui en naissent spontanément. Toutes les représentations doivent être d'origine intuitive ; peu à peu l'intuition se spiritualisera. Quand on est bien parti, cette réflexion vient toute seule : elle ne constitue pas un enseignement à part ; elle sort de l'expérience.

L'initiation à l'histoire de l'art revient au professeur de langues classiques. Mais cette initiation ne doit pas être, non plus, un enseignement systématique ; elle consiste elle aussi en indications, en préparation, en un apport de matériaux. De toutes parts, on attaque aujourd'hui l'enseignement classique des lycées et ces attaques sont malheureusement souvent justifiées, non pas par les langues classiques elles-mêmes, mais par les professeurs qui les enseignent. Avons-nous épuisé, dans notre enseignement, les trésors de la culture classique ? On défend l'enseignement classique contre ces attaques pressantes en disant qu'il ramène aux sources historiques de la civilisation ; mais ce n'est là qu'une fiction. Nous prenons ce mot en un sens trop littéral. Nous trouvons la source du Danube dans la Forêt-Noire, mais il n'est encore à sa source qu'un petit ruisselet qui ne diffère pas des autres et se perd dans le sable. Pour le connaître vraiment, il faut en suivre tout le cours. Les enfants ne savent pas le latin, mais ils ignorent encore davantage la civilisation latine. Tout le temps qu'on enseigne le latin, mais surtout une fois qu'on ne l'enseigne plus, on devrait trouver dans tous les lycées un riche musée d'antiquités, de statues, de monuments grecs et romains. Ce musée devrait être constamment ouvert aux élèves. Je ne sais pas comment on devrait s'y prendre pour enseigner la langue d'une manière plus efficace ; mais je sais bien, en revanche, ce qu'il faudrait faire pour enseigner l'antiquité. Nous avons dit plus haut que l'initiation esthétique devrait partir de l'art moderne ; si maintenant nous demandons qu'on fasse connaître à l'élève l'art grec et latin, il n'y a là rien de contradictoire. L'art grec n'est pas moderne, assurément ; mais il n'est pas, non plus, « non-moderne ». Il vaut pour toutes les époques. Les indépendants, les peintres académiques, tous s'accordent à le respecter. L'enseignement classique des lycées serait bien différent s'il puisait à ces sources vives. Mais, entre les mains de nos pédagogues, ce n'est pas le plomb qui se change en or, mais l'or qui se change en plomb. Ils trouvent moyen de rendre odieux les écrivains classiques ; quant aux autres, ils les laissent de côté. L'expression « culture classique » dans la plupart des lycées, chez nous et à l'étranger, n'a pas de sens.

Les quatre classes inférieures des lycées ne doivent pas donner à l'élève autre chose que la connaissance et l'intelligence d'un grand nombre d'œuvres classiques. Elles ne doivent enseigner ni l'histoire, ni la théorie. Mais dans le domaine qu'on lui assigne, l'élève doit finir par se sentir tout à fait à son aise. Il doit sentir la logique, la finesse, la beauté des formes classiques. Il ne doit rien savoir de ce qu'il n'a pas vu ; mais, à mesure qu'il avance, il ne doit rien voir dont il ne re-

tienne quelque chose ou dont il ignore la théorie
et les antécédents. En revanche, un enseignement
systématique de l'histoire et de l'esthétique serait
la mort de l'éducation.

Une pareille connaissance de l'art classique est
le fondement le plus sûr d'une éducation artistique solide. Cet art, en effet, est l'expression spontanée et complète d'une civilisation parfaitement
unitaire. C'est chez les Grecs que l'art a trouvé
avec la vie le rapport le plus naturel et le plus
convenable. L'art grec est à la fois riche et simple, profond et accessible à tous. Il a fixé son type,
il n'est plus susceptible de développement ni de
changement ; il garde une valeur pour tous les
temps ; non pas que nous devions l'imiter, mais
comprendre et admirer en lui une des réalisations
les plus parfaites de la beauté. L'art grec est
comme le père de tout ce qui est né depuis. C'est
l'expression la plus magnifique de cette civilisation dont la nôtre dérive. Nous n'avons guère jusqu'ici appris que les langues classiques ; aussi cette
étude est-elle demeurée presque stérile ; pourquoi
ne pas apprendre l'art grec lui-même qui nous
parle sans truchement une langue toujours actuelle?
Il a fallu tout l'effort de notre barbarie septen-

trionale pour que, dans le riche trésor du classicisme, nous ayons négligé précisément l'art et oublié de l'introduire dans nos écoles. *A Jove principium.* Dans l'histoire de notre civilisation, c'est la Grèce qui vient en tête.

L'HARMONIE A L'ÉCOLE

Ce n'est que dans les classes supérieures que l'élève commence l'étude de l'histoire proprement dite. A partir de ce moment, le rôle du professeur d'histoire, dans l'éducation esthétique, devient prépondérant. C'est lui qui insère l'art dans les grands courants de l'histoire universelle; c'est lui qui fait sortir l'art d'une époque déterminée de ses antécédents naturels, montre comment il s'est formé, comment sa naissance s'explique, et comment, même dans ce domaine où règne en maître le génie, il n'est pas de vrai miracle ; c'est lui aussi qui montre l'esprit de l'époque animant et vivifiant l'art qui l'exprime et enfin cet art lui-même devenu à son tour une force qui agit sur l'avenir. Quand il a découvert la loi d'une époque, l'histoire peut l'appliquer à l'art, qui en est comme le reflet. Pour animer les faits historiques, pénétrer plus avant dans l'âme du passé, l'historien doit en connaître l'art. L'histoire jusqu'ici l'a ignoré ou s'est contentée d'énumérer quelques noms ; dans l'hypothèse la plus favorable, quelques phrases. L'art désormais occupera dans l'enseignement de l'histoire une place répondant à son importance. Si l'enseignement de l'histoire de l'art et de l'histoire générale n'est pas confié au même professeur, ces deux disciplines seront faussées, parce que l'on arrache celle-là à son milieu naturel et l'on enlève à celle-ci sa plus splendide efflorescence.

Si large d'ailleurs que doive être la place de l'histoire de l'art dans l'enseignement des lycées, ce serait une erreur que d'en traiter également toutes les parties. C'est sur l'art grec et romain que le professeur devra surtout insister, par ce que l'élève doit, en arrivant chez lui, connaître déjà les œuvres. Pour cette partie de son enseignement le professeur d'histoire trouve à s'appuyer sur la base solide de l'expérience.

Le moyen-âge, dont l'art n'a, du reste, au point de vue de notre but, qu'une importance secondaire, doit être traité brièvement. Ici, c'est au professeur lui-même que revient la tâche de faire connaître l'objet ; car, n'oublions pas, qu'il n'y a de science vraie que de l'expérience. A lui de montrer et d'expliquer des spécimens d'art roman et gothique. Qu'il conduise les élèves devant les monuments de ces âges disparus que le temps a respecté ; une pareille promenade vaut mieux que la vue de cent tableaux. Qu'il s'inspire de l'enseignement admirablement développé d'un Rodin. Qu'il explique également le rapport du roman et du gothique au néo-roman et au néo-gothique ; qu'il n'oublie pas surtout de souligner ces rapports du vieil art à l'art nouveau. Ces comparaisons seules rendront l'enseignement vivant et efficace.

De même, c'est au professeur d'histoire qu'il appartient de résumer les phases suivantes de l'évolution artistique. Il ne doit négliger ni la Renaissance, ni ses transformations ultérieures parce qu'elles constituent des événements historiques de premier ordre ; mais ce qu'il doit dégager et montrer avant tout, c'est moins le détail complexe des faits que l'essence et la direction des phénomènes.

En résumé, il n'y a pas d'enseignement historique possible, dans les lycées, sans une forte culture d'histoire de l'art. C'est dire qu'il importe de changer radicalement nos méthodes de formation pour nos professeurs, afin de les rendre propres à la tâche nouvelle qui leur incombe.

Développer le sens du beau en stimulant la réflexion esthétique est l'affaire du professeur de la langue maternelle. C'est lui qui tient tous les fils de la civilisation générale ; c'est en effet une culture nationale hongroise que nous voulons donner à la jeunesse ; c'est pourquoi le professeur de hongrois doit mettre la dernière main à l'éducation esthétique. C'est lui qui peut s'emparer le plus fortement de l'âme des élèves, c'est à lui qu'ils doivent leurs expériences esthétiques les plus intenses par la lecture des grands poètes hongrois. C'est encore lui qui doit leur faire connaître les monuments historiques de l'art hongrois, parce qu'ils sont en rapport avec le développement de la civilisation universelle, dont la connaissance forme la base de l'enseignement littéraire. C'est ce que fait M. de Bœœthy à l'Université de Budapest. Le professeur de hongrois qui utilise le travail des professeurs de dessin, d'histoire et de langues vivantes doit élargir l'enseignement de la poétique en un enseignement de l'esthétique générale. Ceci, M. de Beœthy le fait encore. Point n'est besoin pour cela de systèmes spéculatifs ni de gros manuels, il suffit de montrer que les notions de la poétique sont généralisables ; que si tous les arts ont leurs poétiques particulières, celles-ci peuvent être élargies en des notions d'esthétique générale.

Un enseignement particulier n'est nécessaire ni pour l'esthétique, ni pour l'histoire de l'art. Un enseignement systématique ne l'est pas davantage. Mais, après avoir analysé les chefs-d'œuvre, il faut réfléchir sur eux ; c'est ainsi que la réflexion esthétique et la réflexion historique doivent être introduites dans ces écoles moyennes. Un enseignement systématique et scientifique est l'affaire des Universités. L'enseignement secondaire doit se borner à éveiller le goût de ces sortes d'études.

Mais tout cela ne sera qu'une vaine illusion si les professeurs de hongrois, de langues classiques et de langues vivantes, d'histoire et de dessin ne sont pas versés dans les arts et dans l'histoire de l'art et si ces individualités différentes, en s'enthousiasmant chacune pour l'objet de son enseignement, ne s'entendent pas pour en organiser l'ensemble.

Si nous voulons que l'art ne soit pas dans la vie comme un hôte étranger, dont nous nous occuperons quelquefois par hasard ; si nous voulons qu'il constitue la beauté et comme la fleur de la vie quotidienne, il faut que dès l'école il soit intimement lié aux différents ordres d'enseignement.

Les cours spéciaux qui traitent de l'histoire de l'art n'ont généralement pas donné les résultats attendus. Ils n'en donneront pas davantage à l'avenir. Seule une personnalité compétente pouvait les faire avec fruit et ils ne seraient bons qu'à la condition d'éveiller et de former le goût.

Comme il faut que notre enseignement ait été mal compris pour que nous soyons obligés de rappeler des vérités si évidentes ! Peut-on dire, par exemple, que l'art ne soit pas un événement historique de la plus haute importance ? La poésie elle-même n'est-elle pas un art, celui qui exprime avec le plus de variété les sentiments et les passions de l'âme ? N'est-ce pas le premier devoir de nos écoles que d'initier l'élève à la totalité de la vie artistique ?

Education artistique... beaucoup de gens entendent par là une réforme de la calligraphie ; et sans doute il ne serait pas inutile que nos élèves aient une meilleure écriture. C'est un nouveau problème, comme l'éducation artistique en est un. Mais celui-ci est capital ; il est lié à tout notre système d'enseignement. Quand nous examinons ce dernier du point de vue indiqué, il nous paraît singulièrement abstrait, pédant et creux, vidé de toute réalité concrète. Et, en effet, c'est à l'organisme entier qu'il faut insuffler une vie nouvelle.

Je croirais volontiers que, si nous y parvenons, nous n'aurons pas guéri que l'école, mais notre époque tout entière : en la rendant à l'art, nous l'aurons rendue à la santé.

C'est sur ce souhait et cette espérance que nous voulons finir. Que l'art et la santé nous soient enfin rendus ; que la beauté et la vie règnent à nouveau sur le monde ! Que nos contemporains reviennent à ce culte oublié et que par lui notre civilisation s'élève toujours plus haut, audacieuse et libre, en ne s'appuyant que sur elle-même !

CONCLUSION

L'expression verbale souffre d'un grave défaut : pour exprimer une pensée il faut une multitude de mots. L'homme qui parle ou qui écrit est forcé de sérier les idées qui se présentent d'ensemble à son esprit ; et par là la pensée perd de sa vigueur. Aussi, l'auteur serait-il heureux si le lecteur avait d'instinct pu faire l'opération inverse et retrouver la synthèse à travers l'analyse. S'il en a été ainsi, il espère qu'on est arrivé aux conclusions suivantes :

Qu'est-ce que l'art ?

— C'est l'expression sensible d'une conscience ennoblie.

Quel est l'effet de l'art ?

— Il ennoblit et affine la conscience humaine.

En quoi consiste l'éducation artistique ?

— Elle consiste à donner à l'âme tout entière, d'abord aux sens par l'intuition, puis à l'intelligence par la réflexion historique et esthétique, une formation telle qu'elle possède un jour une expérience de l'art à la fois concrète et objective.

FIN

17

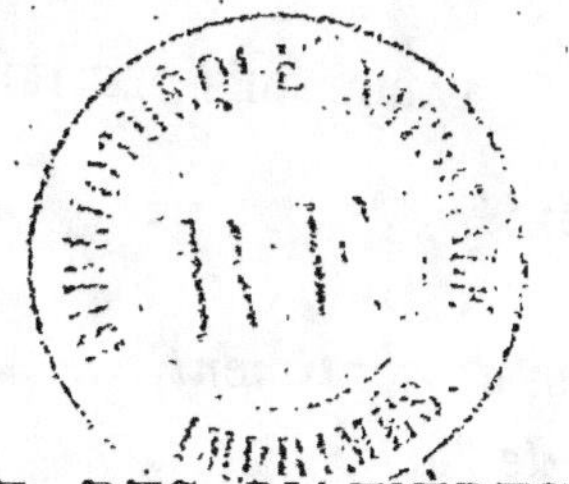

TABLE DES MATIÈRES

I

II

III

IV

MAYENNE, IMPRIMERIE CHARLES COLIN